Kærlighedens Komedie

Henrik Ibsen

Kærlighedens Komedie
Copyright © JiaHu Books 2014
First Published in Great Britain in 2014 by JiaHu Books – part of Richardson-Prachai Solutions Ltd, 34 Egerton Gate, Milton Keynes, MK5 7HH
ISBN: 978-1-78435-064-2
Conditions of sale
All rights reserved. You must not circulate this book in any other binding or cover and you must impose the same condition on any acquirer.
A CIP catalogue record for this book is available from the British Library
Visit us at: jiahubooks.co.uk

PERSONERNE	5
FØRSTE AKT	7
ANDEN AKT	44
TREDJE AKT	72

PERSONERNE

FRU HALM, en embedsmands enke.
SVANHILD,
ANNA, hendes døttre.
FALK, en ung forfatter,
LIND, theologisk student, hendes logerende.
GULDSTAD, grosserer.
STYVER, kopist.
FRØKEN SKÆRE, hans forlovede.
STRÅMAND, prest fra landet.
FRU STRÅMAND, hans kone.
STUDENTER, GÆSTER, FAMILJER og FORLOVEDE PAR.
PRESTEFOLKENES OTTE PIGEBØRN.
FIRE TANTER, EN HUSJOMFRU, EN OPPASSER, TJENESTEPIGER.

(Handlingen foregår på fru Halms løkke ved Drammensvejen.)

FØRSTE AKT

(Scenen forestiller en smuk have med uregelmæssige men smagfulde anlæg; i baggrunden ses fjorden og øerne udover. Til venstre for tilskuerne hovedbygningen med en veranda og ovenover denne et åbent kvistvindu; til højre i forgrunden et åbent lysthus med bord og bænke. Landskabet ligger i stærk aftenbelysning. Det er tidligt på sommeren; frugttræerne blomstrer.)
(Når teppet går op, sidder fru Halm, Anna og frøken Skære på verandaen, de to første med håndarbejde, den sidste med en bog. I lysthuset ses Falk, Lind, Guldstad og Styver; på bordet står punschmugge og glasse. Svanhild sidder alene i baggrunden ved vandet.)

FALK *(rejser sig med hævet glas og synger).*

Solglad dag i hegnet have
skabtes dig til lyst og leg;
tænk ej på, at høstens gave
tidtnok vårens løfter sveg.
Æbleblomsten, hvid og vakker,
breder over dig sit tjeld, –
lad den så langs alle bakker
drysses vejrslåt næste kveld!

KOR AF HERRERNE.
Lad den så langs alle bakker
o. s. v.

FALK.
Hvad vil du om frugten spørge
midt i træets blomstertid?
Hvorfor sukke, hvorfor sørge,
sløvet under slæb og slid?
Hvorfor lade fugleskræmmen
klappre dag og nat på stang!

Glade broder, fuglestemmen
ejer dog en bedre klang!

HERRERNE.
Glade broder, fuglestemmen
o. s. v.

FALK.
Hvorfor vil du spurven jage
fra din rige blomstergren!
Lad den før som sangløn tage
din forhåbning, en for en.
Tro mig, *du* ved byttet vinder,
tusker sang mod sildig frugt;
husk moralen «Tiden rinder»;
snart din friluftslund er lukt.

HERRERNE.
Husk moralen «Tiden rinder»
o. s. v.

FALK.
Jeg vil leve, jeg vil synge,
til den dør, den sidste hæk;
fej da trøstig alt i dynge,
kast så hele stadsen væk.
Grinden op; lad får og kviger
gramse grådigt, hver som bedst;
jeg brød blomsten; lidt det siger,
hvem der tar den døde rest!

HERRERNE.
Jeg brød blomsten; lidt det siger,
o. s. v.

(de klinker og tømmer glassene.)
FALK *(til damerne).* Se, *det* var visen, som De bad mig om; –
 bær over med den; jeg er tanketom.
GULDSTAD. Å, hvad gør det, når bare visen klinger?

FRØKEN SKÆRE *(ser sig om).* Men Svanhild, som så ivrig var især –?
Da Falk begyndte, fik med ét hun vinger;
nu er hun borte.
ANNA *(peger mod baggrunden).* Nej, hun sidder *der.*
FRU HALM *(med et suk).* Det barn! Gud véd, når jeg får skik på hende!
FRØKEN SKÆRE. Men sig, herr Falk, mig syntes visens ende
var mindre rig på – sådan – poesi,
som ellers findes hist og her deri.
STYVER. Ja, og det var dog ganske visst så let,
at få lidt mer mod slutningen placeret.
FALK *(klinker med ham).* Man kliner ind, lig kit i revnet bræt,
til den blir fed nok, spækket, marmoreret.
STYVER *(uforstyrret).* Ja, det går glat; jeg husker det så godt
ifra mig selv.
GULDSTAD. Hvad? Har De Musen redet?
FRØKEN SKÆRE. Min kæreste? Gud ja!
STYVER. Å, kun så småt.
FRØKEN SKÆRE *(til damerne).* Han er romantisk af sig.
FRU HALM. Jo, vi véd det!
STYVER. Nu ikke mere; det er lang tid siden.
FALK. Fernis og romantik går af med tiden.
Men forhen altså –?
STYVER. Ja, det var nu i
den tid, jeg var forelsket.
FALK. Er da den forbi?
jeg trode ej din elskovsrus udsovet!
STYVER. Nu er jeg jo officielt *forlovet;*
det er jo mere end *forelsket,* véd jeg!
FALK. Ret så, min gamle ven, jeg holder med dig!
Du avanceret har, beståt det sværeste:
forfremmelsen fra elsker og til kæreste.
STYVER *(med et behageligt erindringssmil).* Det er dog sært! Jeg
skulde fast forsvoret
mit mindes faktiskhed i dette nu.

(vender sig til Falk.)
For syv år siden, – vil du tro det, du?
Jeg gjorde vers i stilhed på kontoret.
FALK. *Du* gjorde vers – ved pulten?
STYVER. Nej, ved bordet.
GULDSTAD *(slår på sit glas).* Silentium, nu har kopisten ordet!
STYVER. Især om aftningen, når jeg var fri,
jeg konciperte remser poesi,
så lange, som – ja to-tre brukne ark.
Det gik!
FALK. Du gav din Muse blot et spark,
så traved hun –
STYVER. Ustemplet eller stemplet
papir, se det var hende ligegodt.
FALK. Så poesien flommed lige flot?
Men hør, hvorledes brød du ind i templet?
STYVER. Ved hjælp af kærlighedens brækjern, ven!
Med andre ord, så var det frøken Skære,
min kæreste, som hun blev senere hen,
for dengang var hun –
FALK. Ret og slet din *kære.*
STYVER *(vedblivende).* Det var en sælsom tid; min jus jeg glemte;
min pen jeg *spidsed* ej, nej, jeg den *stemte,*
og når den i konceptpapiret rev,
det klang som melodi til hvad jeg skrev; –
omsider expederte jeg et brev
til hende – hun –
FALK. Hvis kæreste du blev.
STYVER. Tænk, samme dato indløb hendes svar;
andragendet bevilget, – sagen klar!
FALK. Og du, du følte dig ved pulten større;
du havde bragt din elskov på det tørre!
STYVER. Naturligvis.
FALK. Og aldrig mer du digted?
STYVER. Nej, jeg har aldrig siden mærket trang;

det var med ét, som om mig åren svigted;
og når jeg prøver nu en enkelt gang
at sætte sammen blot et nytårsvers,
så kommer rim og versemål påtvers,
og, – jeg forstår ej, hvad det stikker i, –
men det blir *jus* og ikke *poesi*.
GULDSTAD *(klinker med ham).* Og derfor er, min sjæl, De lige god!
(til Falk.)
De tror nu færgen over lykkens flod
er bare til, for *Dem* at sætte over;
men se Dem for, ifald De farten vover.
Hvad Deres vise angår, véd jeg ej
om den poetisk er i alle ender;
men hvordan end De visen snor og vender,
den har en *slet moral*, det siger jeg.
Hvad skal man kalde slig økonomi:
at lade alskens fugle æde karten
før den får tid til moden frugt at bli;
at lade kør og får få græsse fri
herinde sådan udpå sommerparten?
Jo, her blev vakkert næste vår, fru Halm!
FALK *(rejser sig).* Å, næste, næste! Tanken er mig kvalm,
som i det slappe ord «det næste» ligger,
det gør hver glædens rigmand til en tigger!
Hvis jeg som sprogets sultan måtte råde
en time kun, det silkesnoren fik,
og skulde ud af verden uden nåde,
som b og g af Knudsens grammatik.
STYVER. Hvad har du da imod det håbets ord?
FALK. At det formørker os Guds fagre jord.
«Vor næste kærlighed», «vor næste viv»,
«vort næste måltid» og «vort næste liv», –
se, den *forsynlighed*, som heri ligger,
den er det, som gør glædens søn til tigger.
Sålangt du ser, forstygger den vor tid,

den dræber nydelsen af øjeblikket;
du har ej ro, før du får båden vrikket
imod den «næste» strand med slæb og slid;
men er du fremme, – mon *du* da tør hvile?
Nej, du må atter mod et «næste» ile.
Og sådan går det – fortvæk – udaf livet, –
Gud véd, om *bag* et stoppested er givet.
FRU HALM. Men fy, herr Falk, hvor kan De tale så!
ANNA *(tankefuld)*. O, det han siger, kan jeg godt forstå;
der må dog noget sandt på bunden være.
FRØKEN SKÆRE *(bekymret)*. Sligt må min kæreste ej høre på,
han er excentrisk nok. – Å hør, min kære;
kom hid et øjeblik!
STYVER *(beskæftiget med at rense sin pibespids)*. Jeg kommer snart.
GULDSTAD *(til Falk)*. Ja, ét er mig dog idetmindste klart:
at De bør holde noget mer i ære
forsynligheden; tænk Dem blot, ifald
De skrev et digt *idag* og satte al
den dyre restbeholdning ind deri,
som De på lager har af poesi,
og fandt, De intet havde mer tilbedste,
når De imorgen *digtede* det næste; –
da fik kritiken Dem nok i kalotten.
FALK. Jeg tvivler på, den mærked bankerotten;
da slentred arm i arm kritik og jeg
gemytligt frem jo på den samme vej.
(afbrydende og med overgang.)
Men sig mig, Lind, hvad går der dog af dig?
Du sidder her den hele tid så sturen;
studerer du måske arkitekturen?
LIND *(tar sig sammen)*. Jeg? Hvorfor falder du på det?
FALK. Jo visst;
du har ej øjet fra altanen hist.
Er det verandastilens brede buer,
som du med slig dybsindighed beskuer?

Hvad heller dørens kunstigt skårne hængsler,
og vindueslugerne med ditto stængsler?
For *noget* er det, som din tanke fængsler.
LIND *(med et strålende udtryk).* Nej, du tar fejl; jeg sidder her
og *lever.*
Berust i nuet intet mer jeg kræver.
Jeg har en følelse, som om jeg stod
med verdens rigdom drysset for min fod!
Tak for din sang om glædens liv i våren;
den var som af mit eget indre skåren!
*(hæver sit glas og vexler et blik med Anna, umærkeligt for de
øvrige.)*
En skål for blomsten, der den dufter smukt,
foruden tanke på at vorde frugt!
(drikker tilbunds.)
FALK *(ser på ham, overrasket og greben, men tvinger sig under en let
tone)*
Vil mine damer høre; det var nyt!
Her har jeg letvindt gjort en proselyt.
Igår han gik med salmebog i lommen,
idag han kækt trakterer digtertrommen. –
Man påstår vel, at vi poeter fødes;
men stundom kan en prosaist dog gødes
så ubarmhjertigt, som en strasburgsk gås,
med rimet sludder og med metrisk vås,
så alt hans indre, lever, sjæl og krås,
når ud det krænges, findes ganske fuldt
af lyrisk ister og rethorisk smult.
(til Lind.)
Men tak forresten for din gode mening;
herefter slår vi harpen i forening.
FRØKEN SKÆRE. Ja De, herr Falk, De er vel flittig nu?
I landlig ro, – her mellem blomstergrene,
hvor De kan færdes for Dem selv alene – –
FRU HALM *(smilende).* Nej, han er doven, så det er en gru.

FRØKEN SKÆRE. Jeg havde tænkt, De, som fru Halms logerende,
var bleven rigtig stærkt poetiserende.
(peger ud til højre.)
Det lille havehus, bag løvet gemt,
det ligger for en digter så bekvemt;
der synes mig, De måtte blive stemt – –
FALK *(går over mod verandaen og læner sig med armene på rækværket).* Dæk mine øjnes spejl med blindheds skimmel,
så skal jeg digte om den lyse himmel.
Skaf mig, om blot en månedstid på borg,
en kval, en knusende, en kæmpesorg,
så skal jeg synge livets jubel ud.
Og helst, min frøken, skaf mig blot en brud,
som er mig alt, mit lys, min sol, min Gud.
Jeg har om den ting supplicert Vorherre,
men han har hidtil vist sig døv, desværre.
FRØKEN SKÆRE. Fy, det er jo frivolt!
FRU HALM. Ja hæsligt sagt!
FALK. Å, De må ikke tro det var min agt
at gå med hende under arm på «Kurland»;
nej, midt i lykkens vilde jubeljagt
hun måtte gå til evighedens urland.
Jeg trænger til lidt åndig gymnastik,
som jeg på *den* vis måske grundigst fik.
SVANHILD *(har under det foregående nærmet sig; hun står nu tæt ved Falk og siger med et bestemt men lunefuldt udtryk).* Godt, jeg skal be' for Dem om slig en skæbne;
men når den kommer, – bær den som en mand.
FALK *(har vendt sig overrasket).* Å, frøken Svanhild! – Jo, jeg skal mig væbne.
Men tror De også, at jeg stole kan
på Deres bøn, som noget rigtigt virkende?
Med himlen, ser De, må man omgås lirkende.
Jeg véd jo nok, De vilje har for to
til mig at skille ved min sjælero;

men om De også har behørig *tro*,
se, det er sagen.

SVANHILD *(mellem spøg og alvor).* Vent til sorgen kommer
og gulner livets lyse, grønne sommer, –
vent til den nager vågen og i drømme,
så kan om styrken af min tro De dømme.
(hun går over til damerne.)

FRU HALM *(dæmpet).* Men vil I to da aldrig holde fred?
Nu har du gjort herr Falk for alvor vred.
*(vedbliver at tale sagte og formanende. Frøken Skære blander sig
i samtalen. Svanhild står kold og taus.)*

FALK *(går efter en kort, tankefuld stilhed over til lysthuset og siger
hen for sig):*
Der lyste visshed ud af hendes blikke.
Mon jeg skal tro, som hun det tror så trygt,
at himlen vil –

GULDSTAD. Å nej-Gud vil den ikke!
Den var da, med respekt, og brav forrykt,
om den effektuerte slige ordres.
Nej, ser De, gode hode, – hvad der fordres,
det er motion for arme, ben og krop.
Lig ikke her og glo i løvet op
den lange dag; hug ved om ikke andet.
Det måtte også være rent forbandet,
om ikke inden fjorten dage De
for Deres gale nykker da var fri.

FALK. Jeg står som æslet, snørt i valgets bånd;
til venstre har jeg kød, til højre ånd;
hvad var vel visest her at vælge først.

GULDSTAD *(idet han skænker i glassene).* Først et glas punsch, det
slukker harm og tørst.

FRU HALM *(ser på sit uhr).* Men den er otte snart; nu tror jeg
næsten
det er på tiden vi kan vente presten.
(rejser sig og rydder op på altanen.)

FALK. Hvad? Skal her komme prester?
FRØKEN SKÆRE. Gud, ja visst!
FRU HALM. Det var jo *det*, som jeg fortalte sidst –
ANNA. Nej moer, herr Falk var ikke da tilstede.
FRU HALM. Nå, det er sandt. Men bliv dog ej så trist;
    tro mig, af det besøg De høster glæde.
FALK. Men sig, hvem er han da, den glædens såmand?
FRU HALM. Å Herregud, det er jo presten Stråmand.
FALK. Ja så. Jeg tror, at jeg har hørt hans navn,
    og læst, at han skal ind og gøre gavn,
    som storthingsmand, på politikens marker.
STYVER. Ja, han er taler.
GULDSTAD. Skade blot, han harker.
FRØKEN SKÆRE. Nu kommer han med frue –
FRU HALM. Og med arvinger –
FALK. At more dem iforvejen lidt, de hulde, –
    for siden får han begge hænder fulde
    med svenske spørgsmål og med statsrådsgarvinger;
    jo, jeg forstår.
FRU HALM. *Det* er en mand, herr Falk!
GULDSTAD. Ja, i sin ungdom var han nu en skalk.
FRØKEN SKÆRE *(fornærmet)*. Nå så, herr Guldstad! Alt fra jeg var liden
    har jeg hørt tale dog med stor respekt, –
    og det af folk, hvis ord har megen vægt, –
    om presten Stråmand og hans livs roman.
GULDSTAD *(leende)*. Roman?
FRØKEN SKÆRE. Roman. Jeg kalder sligt romantisk,
    som ej af hverdagsfolk vurderes kan.
FALK. De spænder min nysgærrighed gigantisk.
FRØKEN SKÆRE *(vedblivende)*. Men Gudbevars, der gives altid visse,
    som af det rørende sig lader hidse
    til railleri! Det er jo velbekendt,
    at her var en, som bare var student,
    der var så fræk, så ryggesløs, så ussel,

at kritisere selve «William Russell».
FALK. Men sig, er oplandspresten da et digt,
et kristent drama eller noget sligt?
FRØKEN SKÆRE *(rørt til stille tårer).* Nej Falk, – et menneske, på
hjerte rigt.
Men når en så at sige livløs ting
kan forårsage slige ondskabssting
og vække fæle lidenskabers mængde
af slig en dybde –
FALK *(deltagende).* Og af slig en længde –
FRØKEN SKÆRE. Så vil, med Deres skarpe blik, De snart
begribe at –
FALK. Ja, det er ganske klart.
Men hvad der hidtil er mig mindre tydeligt,
det er romanens indhold og dens art.
Jeg kan nok ane, det er noget nydeligt;
men hvis det lod sig sige i en fart –
STYVER. Jeg skal af sagens fakta extrahere
det vigtigste.
FRØKEN SKÆRE. Nej, jeg erindrer mere;
jeg kan fortælle –
FRU HALM. Det kan også jeg!
FRØKEN SKÆRE. Å nej, fru Halm, nu er jeg alt på vej.
Ser De, herr Falk, – han gjaldt, som kandidat,
for et af hovedstadens bedste hoder,
forstod sig på kritik og nye moder –
FRU HALM. Og spillede komedie privat.
FRØKEN SKÆRE. Ja bi nu lidt! Han musicerte, malte, –
FRU HALM. Og husk, hvor pent historier han fortalte.
FRØKEN SKÆRE. Ja giv dog tid; jeg kan det på en prik.
Han skrev og komponerte selv musik
til noget, som en – forelægger fik;
det kaldtes «Syv sonetter til min Maren».
Å Gud, hvor sødt han sang dem til guitaren!
FRU HALM. Ja, det er visst, at han var genial!

GULDSTAD *(dæmpet).* Hm, somme mente nu, at han var gal.
FALK. En gammel praktikus, som ikke henter
sin visdom blot af mugne pergamenter,
har sagt, at kærligheden gør Petrarker
så let, som fæ og ladhed patriarker.
Men hvem var Maren?
FRØKEN SKÆRE. Maren? Det var *hende,*
hans elskede, som snart De lærer kende.
Hun var en datter af et kompagni –
GULDSTAD. Et trælasthus.
FRØKEN SKÆRE *(kort).* Ja, det må Herren vide.
GULDSTAD. For det var hollandsk last de gjorde i.
FRØKEN SKÆRE. Sligt hører til den trivielle side.
FALK. Et kompagni?
FRØKEN SKÆRE *(vedblivende).* Som ejed store grunker.
De kan vel tænke, hvor der kur blev gjort;
der meldtes friere af første sort. –
FRU HALM. Og mellem dem sågar en kammerjunker.
FRØKEN SKÆRE. Men Maren værged kækt om kvindens ret.
Hun havde Stråmand mødt i «Dramatiken»:
at se og elske ham, det var nu ét –
FALK. Og bejlerskaren måtte stå i stikken?
FRU HALM. Ja vil De tænke Dem den romantiken!
FRØKEN SKÆRE. Og læg så til en gammel grusom far,
som bare gik omkring og skilte hjerter;
jeg tror der også en formynder var,
for endnu mer at øge deres smerter.
Men hun blev ham og han blev hende tro;
de drømte sammen om et stråtækt bo,
et snehvidt får, som kunde nære to –
FRU HALM. Ja i det højeste en liden ko, –
FRØKEN SKÆRE. Kort sagt, som de for mig så tidt erklærte,
en bæk, en hytte og hinandens hjerte.
FALK. Ak ja! Og så –?
FRØKEN SKÆRE. Så brød hun med sin slægt.

FALK. Hun brød –?
FRU HALM. Hun brød med den.
FALK. Se, det var kækt.
FRØKEN SKÆRE. Og flytted til sin *stråmand* op på kvisten.
FALK. Hun flytted op! Foruden – sådan – vielse?
FRØKEN SKÆRE. Å fy!
FRU HALM. Fy skam! Min salig mand på listen
    står blandt forloverne –!
STYVER *(til frøkenen)*. Ja, din fortielse
    af faktum er det, som forvolder tvisten.
    I referater har det megen vægt
    at ordne kronologisk og korrekt.
    Men jeg kan aldrig *faa* det i mit hode,
    hvor de kom af det –
FALK *(fortsættende)*. – thi man tør formode,
    at får og ko ej med på kvisten bode.
FRØKEN SKÆRE *(til Styver)*. Å, du skal vel betænke ét, min gode:
    Man *trænger* ej, hvor kærligheden troner;
    to ømme hjerter klarer sig med lidt.
(til Falk.)
    Han elsked hende til guitarens toner,
    og hun gav på klaver informationer –
FRU HALM. *og* så, forstår sig, tog de på kredit –
GULDSTAD. Et år, til handelshuset gik fallit.
FRU HALM. Men så fik Stråmand kald et steds der nordpå.
FRØKEN SKÆRE. Og i et brev, jeg siden så, han svor på,
    han leved blot for pligten og for hende.
FALK *(supplerende)*. Og dermed var hans livs roman tilende.
FRU HALM *(rejser sig)*. Ja nu jeg tror vi går i haven ned;
    vi må jo se, om vi dem har ivente.
FRØKEN SKÆRE *(idet hun tar mantillen på)*. Det er alt svalt.
FRU HALM. Ja, Svanhild, vil du hente
    mit uldne shavl.
LIND *(til Anna, ubemærket af de øvrige)*. Gå forud!
FRU HALM. Kom så med!

19

(Svanhild går ind i huset; de andre, undtagen Falk, går mod baggrunden og ud til venstre. Lind, der har fulgt med, standser og kommer tilbage.)

LIND. Min ven!
FALK. Iligemåde!
LIND. Hånden hid!
  Jeg er så glad; – jeg tror mit bryst må sprænges,
  ifald jeg ikke får fortalt –
FALK. Giv tid;
  du skal forhøres først, så dømmes, hænges.
  Hvad er nu det for adfærd? Lægge skjul
  for mig, din ven, på skatten, du har fundet; –
  for tilstå kun, formodningen er grundet:
  Du trukket har et lod i lykkens hjul!
LIND. Ja, jeg har fanget lykkens fagre fugl!
FALK. Så? Levende, – og ej i snaren kvalt?
LIND. Vent bare lidt; nu er det snart fortalt.
  Jeg er forlovet! Tænk –!
FALK *(hurtigt)*. Forlovet!
LIND. Ja!
  idag, – Gud véd, hvor jeg tog modet fra!
  Jeg sagde, – å, sligt lar sig ikke sige;
  men tænk dig, – hun, den unge, smukke pige,
  blev ganske blussende, – slet ikke vred!
  Nej, kan du skønne, Falk, hvad jeg har vovet!
  Hun hørte på mig, – og jeg tror hun græd;
  det er jo gode tegn?
FALK. Ja visst; bliv ved.
LIND. Og, ikke sandt, – da er vi jo forlovet?
FALK. Jeg må formode det; men for at være
  aldeles tryg, så rådspørg frøken Skære.
LIND. O nej, jeg véd, jeg føler det så trygt!
  Jeg er så klar, så sikker, uden frygt.
  (strålende og hemmelighedsfuldt.)
  Hør, jeg fik lov at holde hendes hånd,

da hun tog kaffetøjet bort fra bordet!
FALK *(løfter sit glas og tømmer det)*. Nå, vårens blomster da i eders
bånd!
LIND *(ligeså)*. Og det skal være højt og helligt svoret,
at jeg vil elske hende til min død,
så varmt som nu: – ja, for hun er så sød!
FALK. Forlovet! Derfor var det da, du slang
på hylden både loven og profeterne.
LIND *(leende)*. Og du, som trode, at det var din sang –!
FALK. Min ven, så stærk en tro har tidt poeterne.
LIND *(alvorligt)*. Tro ellers ikke, Falk, at theologen
er fra min lykkes time dreven ud.
Der er den forskel kun, at ikke *bogen*
forslår som jakobsstige til min Gud.
Nu må jeg ud og søge ham i *livet*;
jeg føler mig i hjertet mere god,
jeg elsker strået, krybet for min fod;
det er jo også del i lykken givet.
FALK. Men sig mig nu –
LIND. Nu har jeg sagt det hele, –
min rige gåde, som vi tre vil dele.
FALK. Ja, men jeg mener, har du tænkt lidt fremad?
LIND. Jeg tænkt? Tænkt fremad? Nej, fra denne stund
jeg lever i det vårlige sekund.
Jeg vender øjet mod min lykke hjemad;
der holder skæbnens tømmer *jeg* og *hun*.
Ej du, ej Guldstad, – ja, ej selv fru Halm
tør sige til min friske livsblomst: «Falm!»
Thi *jeg* har vilje, *hun* har varme øjne,
og derfor *må* den, *skal* den opad højne!
FALK. Ret så, min broder, dig har lykken brug for!
LIND. Mit livsmod brænder lig en vilter sang;
jeg kender mig så stærk; lå der et slug for
min fod, – hvor gabende, – jeg over sprang!
FALK. Det sige vil i simpelt prosasprog:

Din kærlighed har gjort dig til et rensdyr.
LIND. Nå, – farer jeg med renens vilde tog,
 jeg véd, til hvem min længselsfugl imens flyr!
FALK. Så får den alt imorgen til at flyve;
 du følger med kvartetten jo tilfjelds.
 Jeg lover for, du trænger ingen pels –
LIND. Kvartetten! Pyt, – lad den alene klyve!
 For mig er højfjeldsluft i dalens bund;
 her har jeg blomsterne og fjordens vidder,
 her har jeg løvsalsang og fuglekvidder,
 og lykkens huldre, – ja for her er *hun*!
FALK. Ak, lykkens huldre her i Akersdalen
 er sjelden, som en elg; hold fast i halen.
 (med et blik mod huset.)
 Hyss, – Svanhild –
LIND *(trykker hans hånd)*. Godt; jeg går, – lad ingen kende,
 hvad der er mellem dig og mig og *hende*.
 Tak for du tog min hemlighed! Begrav den
 i hjertet, – dybt og varmt, som jeg dig gav den.
 (Han går ud i baggrunden til de andre.)
 (Falk ser et øjeblik efter ham og går et par gange op og ned i haven, under synlig bestræbelse for at bekæmpe det oprør, han er i. Lidt efter kommer Svanhild ud fra huset med et tørklæde på armen og vil gå mod baggrunden. Falk nærmer sig lidt og betragter hende ufravendt; Svanhild standser.)
SVANHILD *(efter et kort ophold)*. De ser så visst på mig –?
FALK *(halvt for sig selv)*. Ja *der* er trækket;
 i øjets sjø det skygger over bunden,
 det leger skjul med spottens alf om munden,
 det *er* der.
SVANHILD. Hvad? De gør mig halvt forskrækket.
FALK. De heder Svanhild?
SVANHILD. Ja, det véd De vel.
FALK. Men véd De, frøken, at det navn er latterligt?
 Gør mig til vilje; kast det bort ikveld!

22

SVANHILD. Fy, – det var egenmægtigt, lidet datterligt –
FALK *(ler)*. Hm, «Svanhild» – «Svanhild» – –
   (pludselig alvorlig.)
   Hvorfor fik De sligt
   memento mori alt fra De var liden?
SVANHILD. Er det da stygt?
FALK. Nej, dejligt som et digt,
   men altfor stort og stærkt og strængt for tiden.
   Hvor kan en nutidsfrøken fylde ud
   den tanke, navnet «Svanhild» i sig fatter?
   Nej, kast det bort, som et forældet skrud.
SVANHILD. De tænker nok på sagakongens datter –
FALK. Som skyldfri knustes under hestens hov.
SVANHILD. Men sligt er jo forbudt i vor tids lov.
   Nej, højt i sadlen! I min stille tanke
   jeg drømte tidt mig båren på dens ryg,
   jog ud i verden vidt, jog kæk og tryg,
   mens vinden slog som frihedsflag dens manke!
FALK. Ja det er gammelt. I den «stille tanke»,
   der ændser ingen af os grind og skranke,
   der ræddes ingen for at bruge sporen; –
   i *gerning* holder vi os smukt til jorden;
   thi livet er igrunden hvermand kært,
   og der er ingen, som et dødsspring vover.
SVANHILD *(livligt)*. Jo, peg på målet, og jeg sætter over!
   Men da må målet være springet værd.
   Et Kalifornien bag ørkensandet, –
   hvis ikke, blir man, hvor man er, i landet.
FALK *(spottende)*. Nå, jeg forstår Dem; det er *tidens* fejl.
SVANHILD *(varm)*. Ja netop tidens! Hvorfor sætte sejl,
   når ingen luftning stryger over fjorden?
FALK *(ironisk)*. Ja hvorfor slide pidsken eller sporen,
   når ingen gylden indsats står som skænk
   til den, der river sig fra bord og bænk
   og jager fremad, båren højt i sadlen?

Slig færd *for færdens skyld* tilhører adlen,
og adelsfærd i vor tid kaldes tant;
så var nok meningen?
SVANHILD. Ja, ganske sandt,
se pæretræet, som ved gærdet står, –
hvor det er goldt og blomsterløst iår.
Ifjor De skulde set, hvor det stod kækt
med kronen krøget under frugtens vægt.
FALK *(noget uviss).* Det vil jeg tro; men hvad er deraf læren?
SVANHILD *(med finhed).* Å, iblandt andet, at det fast er frækt,
når vor tids Zacharias kræver pæren.
Har træet overblomstret sig ifjor,
så må iår ej fordres samme flor.
FALK. Jeg vidste nok, De fandt det rette spor igen
i romantiken – bagud i historien.
SVANHILD. Ja – vor tids dyd er af en anden slags.
Hvem ruster sig for sandhed nutildags?
Hvem er personens indsats vel tillags?
Hvor findes helten?
FALK *(ser skarpt på hende).* Og hvor er valkyrien?
SVANHILD *(ryster på hovedet).* Valkyrien bruges ej i dette land!
Da troen truedes ifjor i Syrien,
gik De da did som korsets svorne mand?
Nej, på papiret var De varm som taler, –
og sendte «kirketidenden» en daler.
(Pause. Falk synes at ville svare, men holder inde og går opover haven.)
SVANHILD *(betragter ham en stund, nærmer sig og spørger blidt).* Falk, er De vred?
FALK. Nej visst; jeg går og sturer, –
se, det er alt.
SVANHILD *(med tankefuld deltagelse).* De er som to naturer, –
to uforligte – –
FALK. Ja, det véd jeg vel.
SVANHILD *(heftigt).* Men grunden!

FALK *(med udbrud).* Grunden? Jo, fordi jeg hader
at gå omkring med frækt udringet sjæl,
lig godtfolks kærlighed i alle gader, –
at gå omkring med blottet hjertevarme,
som unge kvinder går med nøgne arme!
De var den eneste, – *De*, Svanhild, De –
så tænkte jeg, – nå, den ting er forbi –
(vender sig efter hende, idet hun går over mod lysthuset og ser ud.)
De lytter –?
SVANHILD. Til en anden røst, som taler,
hys! Hører De! hver kveld, når solen daler,
da kommer flyvende en liden fugl, –
se *der*, – der kom den frem af løvets skjul –
véd De, hvad fuldt og fast jeg tror? Hver den,
som her på jord blev nægtet sangens gave,
hun fik af Gud en liden fugl til ven –
for én kun skabt og for den enes have.
FALK *(tager en sten op fra jorden).* Da gælder det, at fugl og ejer mødes,
skal ej dens sang i fremmed have ødes.
SVANHILD. Ja det er sandt; men jeg har fundet min.
Jeg fik ej ordets magt, ej sangerstemme;
men kviddrer fuglen i sit grønne gemme,
det er som digte daled i mit sind – –
nu ja – de dvæler ej – de flyver bort –
(Falk kaster stenen med heftighed; Svanhild udstøder et skrig.)
o Gud, der slog De den! Hvad har De gjort!
(iler ud til højre og kommer snart ind igen.)
O det var syndigt, syndigt!
FALK *(i lidenskabeligt oprør).* Nej – kun øje
for øje, Svanhild, – ikkun tand for tand!
Nu får De ingen hilsen fra det høje,
og ingen gave mer fra sangens land.
Se, det er hævnen over Deres værk!

SVANHILD. Mit værk?
FALK. Ja Deres! Indtil denne time
slog i mit bryst en sangfugl kæk og stærk.
Se - nu kan klokken over begge kime, -
De har den dræbt!
SVANHILD. Har jeg?
FALK. Ja, da De slog
min unge, glade sejrstro til jorden -
(foragteligt.)
da De *forloved* Dem!
SVANHILD. Men sig mig dog!
FALK. Å ja, den ting er sagtens i sin orden;
han tar examen, får sig strax en stilling, -
han går jo til Amerika som prest -
SVANHILD *(i samme tone).* Og arver nok en ganske vakker skilling; -
ja, for det er vel Lind De mener?
FALK. Bedst
må *De* vel vide -
SVANHILD *(med dæmpet smil).* Ja, som brudens søster
bør *jeg* jo -
FALK. Gud! Det er ej Dem - -!
SVANHILD. Som høster
hin lykkens overflod? Ak nej desværre!
FALK *(med næsten barnlig glæde).* Det er ej Dem! O, priset være
Gud!
O, han er god og kærlig dog, Vorherre!
Jeg får ej se Dem som en andens brud; -
det var kun smertens lys han vilde tænde - -
(vil gribe hendes hånd.)
O hør mig, Svanhild - hør mig -
SVANHILD *(peger raskt mod baggrunden).* Se derhenne!
(hun går henimod huset. Fra baggrunden kommer i det samme fru Halm, Anna, frøken Skære, Guldstad, Styver og Lind. Under det foregående optrin er solen gået ned; landskabet ligger i tusmørke.)

FRU HALM *(til Svanhild)*. Nu har vi prestens lige på minuttet.
Hvor blev du af?
FRØKEN SKÆRE *(efter et blik på Falk)*. Du synes så betuttet.
SVANHILD. Lidt ondt i hodet; det går over snart.
FRU HALM. Og endda går du her med håret bart?
Hold theen færdig; ryd så op i stuen;
pent må her være, for jeg kender fruen.
(Svanhild går ind i huset.)
STYVER *(til Falk)*. Véd du besked om prestens politik?
FALK. Jeg tror ej han for dyrtidstillæg stemmer.
STYVER. Men dersom nu et lidet vink han fik
om versene, som jeg i pulten gemmer?
FALK. Det muligt hjalp.
STYVER. Ja gid, – for, tro du mig,
det kniber for os nu, vi bo skal sætte.
De elskovssorger, de er ikke lette.
FALK. Tilpas; hvad vilde du på den gallej!
STYVER. Er elskov en gallej?
FALK. Nej *ægteskabet*,
med lænker, trælleliv og frihedstabet.
STYVER *(da han ser, at frøken Skære nærmer sig)*. Du kender ej den
kapital, som bor
i kvindens tanker og i kvindens ord.
FRØKEN SKÆRE *(sagte)*. Tror du grossereren vil endossere?
STYVER *(gnaven)*. Jeg véd ej visst endnu; jeg skal probere.
(de fjerner sig i samtale.)
LIND *(dæmpet til Falk, idet han nærmer sig med Anna)*. Jeg kan ej dy
mig længer; i en fart
jeg forestille må –
FALK. Du burde tie,
og ingen uvedkommende indvie
i det, som eders er –
LIND. Nå, det var rart; –
for dig, min medlogerende i huset,
jeg skulde holdt min unge lykke skjult!

Nej, nu, mit hode har fåt håret *gult*, –
FALK. Nu vil du gøre dig dit hode *kruset*?
  Ja, kære bedste ven, hvis *det* er meningen,
  så skynd dig blot og deklarer foreningen!
LIND. Det har jeg også tænkt af flere grunde,
  og deriblandt er en især af vægt;
  sæt for exempel, at her findes kunde
  en kurtisør, som lusked om fordækt;
  sæt at hans hensigt trådte frem påtageligt,
  som frieri; det var dog ubehageligt.
FALK. Ja, det er sandt; jeg havde ganske glemt,
  du var til noget *højere* bestemt.
  Som elskovs friprest står du *midlertidigt*;
  sent eller tidligt skal der avanceres;
  men det er selv mod skik og vedtægt stridigt,
  om allerede *nu* du ordineres.
LIND. Ja dersom ej grossereren –
FALK. Hvad han?
ANNA *(undselig)*. Å, det er noget, Lind kun ind sig bilder.
LIND. Sig ikke det; det aner mig han skiller
  mig ved min lykke, når og hvor han kan.
  Den fyr er jo en daglig gæst herude,
  er rig og ugift, fører jer omkring;
  kort sagt, min elskte, der er tusind ting,
  som ej kan andet os end ondt bebude.
ANNA *(med et suk)*. O det var synd; her var så godt idag.
FALK *(deltagende til Lind)*. Ja slip ej lykken for en rodløs grille;
  vent i det længste før du toner flag.
ANNA. Gud! Frøken Skære ser på os; ti stille!
  (hun og Lind fjerner sig til forskellige kanter.)
FALK *(ser efter Lind)*. Der går han til sin ungdoms nederlag.
GULDSTAD *(som imidlertid har stået ved trappen i samtale med fru Halm og frøken Skære, nærmer sig og slår ham på skuldren)*. Nå, står man her og grunder på et digt?
FALK. Nej, på et drama.

GULDSTAD. Det var da som fanden; –
jeg trode ej, De gav Dem af med sligt.
FALK. Nej dette her er også af en anden,
en ven af mig, ja af os beggeto; –
en fejende forfatter kan De tro.
Tænk Dem, fra middagstider og til kveld
han digtet har en hel idyl tilende.
GULDSTAD *(polidsk)*. Og slutningen er god!
FALK. De véd da vel
at teppet falder først – med *ham* og *hende*.
Men *det* er blot en del af trilogien;
bagefter kommer nok forfattersvien,
når nummer to, forlovelsens komedie,
skal digtes gennem lange akter fem,
og stoffets tråd skal spindes ud af dem
til ægteskabets drama, som det tredje.
GULDSTAD *(smilende)*. Man skulde tro forfatterlyst var smitsom.
FALK. Så? Hvorfor det?
GULDSTAD. Jeg mener forsåvidtsom
jeg også går og grunder på en digtning, –
(hemmelighedsfuldt.)
en faktisk en, – foruden alskens svigtning.
FALK. Og hvem er helten, om man spørge tør?
GULDSTAD. Det siger jeg imorgen, ikke før.
FALK. Det er Dem selv!
GULDSTAD. Tror De, som slig, mig duelig?
FALK. En bedre helt var sikkert ikke mulig.
Men nu heltinden? Hun skal sikkert hentes
fra landets friluft, ej fra byens kvalm?
GULDSTAD *(truer med fingeren)*. Hys, – det er knuden og med den
må ventes! –
(slår over i en anden tone.)
Sig mig, hvad synes De om frøken Halm?
FALK. Å, hende kender De visst meget bedre;
min dom kan hverken skæmme eller hædre. –

(smilende.)
Men vogt Dem bare, at det ej går galt
med dette «digt», hvorom De har fortalt.
Sæt at jeg kunde Deres tillid svige
og omkalfatre udfald og intrige.
GULDSTAD *(godmodigt).* Nå ja, så vilde jeg mit Amen sige.
FALK. Det er et ord?
GULDSTAD. De er jo mand af faget;
det var jo dumt, om Deres hjælp blev vraget
af en, der regnes må til fuskerlaget.
(går op mod baggrunden.)
FALK *(i forbigående til Lind).* Du havde ret; grossereren går om
med morderplaner mod din unge lykke.
(fjerner sig.)
LIND *(dæmpet til Anna).* Der kan du se, at ej min frygt var tom;
vi må på timen ud med sproget rykke.
(de nærmer sig fru Halm, der tilligemed frøken Skære står ved huset.)
GULDSTAD *(i samtale med Styver).* Et dejligt vejr ikveld.
STYVER. Å ja såmen,
når man er oplagt –
GULDSTAD *(spøgende).* Er der galt påfærde
med Deres kærlighed?
STYVER. Ej just med den –
FALK *(der er kommen til).* Men med *forlovelsen?*
STYVER. Det kunde være.
FALK. Hurra; du er da ikke blank og bar
for poesiens småmynt, kan jeg høre!
STYVER *(stødt).* Jeg skønner ej, hvad poesien har
med mig og min forlovelse at gøre.
FALK. Du *skal* ej skønne det; hvis elskov grunder
sit eget væsen ud, da går den under.
GULDSTAD *(til Styver).* Men er det noget, som kan rettes på,
så ud med det.
STYVER. Ja, jeg har hele dagen

funderet på at foredrage sagen,
men kan ej frem til konklusjonen nå.
FALK. Jeg hjælper dig og skal mig fatte kort:
Alt fra du op til kæreste var rykket,
så har du følt dig, så at sige, trykket –
STYVER. Ja det til sine tider endog hårdt.
FALK *(vedblivende).* Har følt dig svært betynget af forpligtelser,
som du gav fanden, hvis det blot gik an;
se det er tingen.
STYVER. Hvad er det for sigtelser!
Jeg har fornyet som en punktlig mand;
(henvendt til Guldstad.)
men mere kommer til i næste måned;
når man sig gifter, får man jo en kone –
FALK *(glad).* Nu er påny din ungdomshimmel blånet,
det var en genklang af din sangtids tone!
Så skal det være; jeg forstod det straks;
du trængte blot til vinger og en saks!
STYVER. En saks?
FALK. Ja, viljesaksen, for at klippe
hvert bånd itu, så bort du kunde slippe,
og flyve ud –
STYVER *(i vrede).* Nej, nu blir du for grov!
At sigte *mig* for brud på statens lov!
Jeg skulde tænke på at absentere mig?
Sligt er jo attentat på at blamere mig, –
verbalinjurier!
FALK. Men er du gal!
Hvad er din mening da? Så tal dog – tal!
GULDSTAD *(leende til Styver).* Ja, selv De kommer til at klare tanken!
hvad handles om?
STYVER *(griber sig sammen).* Et lån i sparebanken.
FALK. Et lån!
STYVER *(hurtigt til Guldstad).* Ja egentlig en endossent
for hundred daler eller så omtrent.

FRØKEN SKÆRE *(der imidlertid har stået hos fru Halm, Lind og Anna).* Å nej, jeg gratulerer! Gud, hvor dejligt!
GULDSTAD. Hvad er der nu!
(går hen til damerne.)
Det var da ubelejligt.
FALK *(slår overgivent armen om hans nakke).* Hurra; trompetens lyd forkynder sødt,
at dig en broder er i Amor født!
(drager ham med sig til de andre.)
FRØKEN SKÆRE *(overvældet til herrerne).* Tænk, Lind og Anna, – tænk Dem, han har fåt hende!
Nu er de kærester!
FRU HALM *(med rørelsens tårer, medens parret ønskes tillykke).* Det er den ottende,
som går forsørget ud fra dette hus; –
(rettet mod Falk.)
syv søsterdøttre, – alle med logerende – –
(angribes for stærkt og holder tørklædet for øjnene.)
FRØKEN SKÆRE *(til Anna).* Nå, her vil komme nok af gratulerende!
(kæler for hende og er bevæget.)
LIND *(griber Falks hænder).* Min ven, jeg går som i en salig rus!
FALK. Hys; – som forlovet mand du medlem er
af salighedens mådeholdsforening;
lyd laugets love; – ingen orgier her!
(vender sig til Guldstad med et anstrøg af ondskabsfuld deltagelse.)
Nå, herr grosserer!
GULDSTAD *(fornøjet).* Efter min formening
spår dette lykke for dem beggeto.
FALK *(ser studsende på ham).* De bær jo sorgen med prisværdig ro.
Det glæder mig.
GULDSTAD. Hvad mener De, højstærede?
FALK. Jeg mener blot, at eftersom De nærede
forhåbning for Dem selv –
GULDSTAD. Så? Gjorde jeg?

FALK. Ja, idetmindste var De nær på vej;
De nævnte frøken Halm; her stod De jo
og spurgte –
GULDSTAD *(smilende)*. Ja, men er der ikke to?
FALK. Det er – den anden, søsteren, De mener!
GULDSTAD. Ja, *søsteren,* den *anden,* – netop hende.
Lær denne søster nærmere at kende,
og døm så selv, om ikke hun fortjener
at lægges mærke til en smule mer,
end her i huset nu for tiden sker.
FALK *(koldt).* Hun har visst alle gode egenskaber.
GULDSTAD. Just ikke alle; selskabstonen har
hun ej det rette greb på; *der* hun taber –
FALK. Ja det er slemt.
GULDSTAD. Men hvis fru Halm blot tar
en vinter til det, vædder jeg hun viger
for ingen anden.
FALK. Nej, den ting er klar.
GULDSTAD *(leende).* Ja, det er mærkeligt med unge piger!
FALK *(lystig).* De er som vinterrugens sæd at se;
de spirer uformærkt i frost og sne.
GULDSTAD. Fra jul er balsalonen deres hjem –
FALK. *Der* gødsles med skandaler og med blamer –
GULDSTAD. Og når så forårsvarmen bryder frem –
FALK. Så skyder op småbitte grønne damer!
LIND *(træder til og griber Falks hænder).* Hvor klogt jeg gjorde; over
al forstand –
jeg føler mig så lykkelig og sikker!
GULDSTAD. Se der er kæresten; fortæl hvordan
man sig som nyforlovet elsker skikker!
LIND *(ubehageligt berørt).* Sligt drøftes nødigt med en tredjemand.
GULDSTAD *(spøgende).* I slet humør! Jeg skal til Anna klage.
(nærmer sig til damerne.)
LIND *(ser efter ham).* Hvor kan man sligt et menneske fordrage!
FALK. Du tog forresten fejl af ham, –

LIND. Ja så?
FALK. Det var ej Anna, som han tænkte på.
LIND. Hvad! Var det Svanhild?
FALK. Ja, det véd jeg ikke.
   (med et lunefuldt udtryk.)
   Tilgiv mig, martyr for en fremmed sag!
LIND. Hvad mener du?
FALK. Sig, har du læst idag
   avisen?
LIND. Nej.
FALK. Jeg skal dig bladet skikke;
   der står om en, som fik, på skæbnens bud,
   sin gode friske kindtand trukket ud,
   fordi en fætter af ham led af tandværk.
FRØKEN SKÆRE *(ser ud til venstre).* Der kommer presten!
FRU HALM. Vil De se hvor mandstærk!
STYVER. Fem, seks, syv, otte børn –
FALK. Det var ubændigt!
FRØKEN SKÆRE. Uf, sligt må næsten kaldes uanstændigt!
   (Man har imidlertid hørt en vogn standse udenfor til venstre. Presten, hans kone og otte småpiger, alle i rejsetøj, kommer ind en for en.)
FRU HALM *(iler de kommende imøde).* Velkommen, hjerteligt
   velkommen!
STRÅMAND. Tak!
FRU STRÅMAND. Her er visst gæstebud –
FRU HALM. Å, hvilken snak!
FRU STRÅMAND. For gør vi bryderi –
FRU HALM. Nej ingenlunde;
   De kommer så tilpas, som tænkes kunde;
   min datter Anna blev forlovet just.
STRÅMAND *(ryster Annas hånd med salvelse).* Så lad mig vidne; –
   elskov, – kærligheden, –
   det er en skat, som ikke møl og rust
   fortære kan, – hvis der er noget ved den.

34

FRU HALM. Men hvor det dog var smukt, De tog de små
herind til byen med Dem.
STRÅMAND. Fire spæde
vi har foruden disse her.
FRU HALM. Ja så?
STRÅMAND. Tre af dem er for små til allerede
at fatte tabet af en kærlig fader
i storthingstiden.
FRØKEN SKÆRE *(til fru Halm, idet hun tager farvel)*. Nu jeg Dem
forlader.
FRU HALM. Å, hvorfor vil De alt så tidligt gå?
FRØKEN SKÆRE. Jeg må til byen og fortælle nyheden;
hos Jensens véd jeg man går sent til ro;
jo, tanterne blir glade, kan De tro.
Min søde Anna, skil dig nu ved blyheden; –
imorgen er det søndag; gratulanter
vil strømme over dig fra alle kanter!
FRU HALM. Godaften da!
(til de øvrige.)
De har vel ej imod
en dråbe the? Fru Stråmand, vær så god!
(Fru Halm, Stråmand, hans kone og børn, samt Guldstad, Lind og Anna går ind i huset.)
FRØKEN SKÆRE *(idet hun tager sin kærestes arm)*. Nu vil vi sværme!
Styver, ser du hist,
hvor Luna sidder svømmende på thronen!
Nej, men du ser jo ikke!
STYVER *(tvær)*. Å jo visst;
jeg tænkte bare på obligationen.
(De går ud til venstre. Falk, der under det foregående ufravendt har betragtet Stråmand og hans kone, blir alene tilbage i haven. Det er nu fuldkommen aften; inde i huset er tændt lys.)
FALK. Alt er som afbrændt, dødt; – en trøstløs jammer –!
Slig går man gennem verden, to og to;
tilhobe står de, som de sorte stammer,

en skogbrand levned på den øde mo; –
så langt, som synet rækker, er kun tørke, –
o, bringer ingen livets friske grønt!
*(Svanhild kommer ud på altanen med et blomstrende rosentræ,
som hun sætter på rækværket.)*
Jo en – jo en –!
SVANHILD. Falk! Står De her i mørke?
FALK. Og er ej ræd? Nej, mørket er just skønt.
Men sig mig, ræddes ikke De derinde,
hvor lampen lyser på de gustne lig –
SVANHILD. O fy!
FALK *(ser efter Stråmand, som viser sig ved vinduet).* Han fordum
var på mod så rig;
han stred med verden om en elsket kvinde;
som vedtægts kirkestormer manden gjaldt,
hans kærlighed slog ud i glade sange –!
Se på ham nu! I kisteklæder lange, –
et tobensdrama om, hvor dybt han faldt!
Og fruentimret med det slunkne skørt,
med skæve sko, som klasker under hælene,
hun er den vingemø, som skulde ført
ham ind til samfundsliv med skønhedssjælene.
Hvad er igen af flammen? Næppe røgen!
Sic transit gloria amoris, frøken!
SVANHILD. Ja, det er usselt, usselt dog, det hele:
jeg véd ej nogens lod, jeg vilde dele.
FALK *(rask).* Nu vel, vi to gør oprør mod en orden,
som ej naturens er, men kunstigt skabt!
SVANHILD *(ryster på hovedet).* Da, tro De mig, vort forbunds sag var
tabt,
så visst, som det, vi træder på, er jorden.
FALK. Nej, der er sejr, hvor to går frem i enighed.
Vi vil ej sogne mer til platheds kirke,
som led af trivialitetens menighed!
Se, målet for personlighedens virke

er dog at stå selvstændig, sand og fri.
Det svigter ikke jeg og ikke De.
Et sjæleliv i Deres årer banker,
De ejer varme ord for stærke tanker.
De vil ej tåle formens snørliv lagt
om Deres hjerte, frit må det pulsere;
De fik ej stemme til at sekundere
i fælleskoret efter vedtægts takt.
SVANHILD. Og tror De ikke smerten mangengang
mit syn har mørknet og gjort barmen trang?
Jeg vilde bryde mine egne veje –
FALK. Ja, i den stille tanke?
SVANHILD. Nej, i dåd.
Men så kom tanterne med gode råd, –
de skulde sagen drøfte, granske, veje – –
(nærmere.)
den stille tanke, siger De; nej kækt et
forsøg jeg vovede – som malerinde.
FALK. Og så?
SVANHILD. Det glap, thi evnen var mig nægtet;
men frihedstrangen lod sig ikke binde;
bag stafeliet søgte den theatret –
FALK. Den plan blev sagtens også omkalfatret?
SVANHILD. Ja efter forslag af den ældste tante;
hun foretrak en plads som gouvernante – –
FALK. Men dette *her* har ingen før mig sagt!
SVANHILD. Naturligvis; de tog sig vel iagt.
(med et smil.)
De frygted nok, «min fremtid» skulde lide,
hvis unge herrer fik den sag at vide.
FALK *(ser en stund på hende med tankefuld deltagelse).* Jeg ante
længst, at Deres lod blev slig. –
Jeg mindes grant, da førstegang jeg så Dem,
hvor lidt *de* tyktes mig de andre lig,
og hvor fast ingen evned at forstå Dem.

Om bordet sad det pyntelige lag,
hvor theen duftet, – passiaren surred,
mens frøkner rødmed og mens herrer kurred,
lig tamme duer på en lummer dag.
Religionens og moralens sag
blev talt af modne møer og matroner,
og husligheden prist af unge koner,
mens De stod ensom, lig en fugl på tag.
Og da så sladderen tilslut var steget
til thevandsbakkanal og prosasvir, –
da skinned De som sølvet, vægtigt præget,
imellem stemplet kobber og papir.
De var en mønt ifra et fremmed rige,
blev her beregnet efter anden kurs,
var neppe gangbar i en kvik diskurs
om vers og smør og kunst og mer deslige.
Da – just som frøken Skære havde ordet –
SVANHILD *(med et alvorligt anstrøg)*. Mens kæresten stod bag, som
ridder bold,
og bar sin hat på armen lig et skjold –
FALK. Da nikked Deres moder over bordet:
«Drik, Svanhild, førend theen bliver kold».
Og De drak theen ud, den lunkne, vamle,
som den blev nydt af unge og af gamle.
Men navnet tog mig i det samme nu;
den vilde Vølsungsaga med sin gru,
med sine faldne ætters lange række,
mig tyktes ind i vor tid sig at strække;
jeg så i Dem en Svanhild nummer to,
i andre former, efter tiden lempet.
Bag reglens løgnflag er forlænge kæmpet,
nu fordrer fylkingen forlig og ro;
men hånes loven i en samtids brøde,
da må for slægtens synd en skyldfri bløde.
SVANHILD *(med let ironi)*. Jeg tænkte mindst, at slige fantasier,

så blodige, fik liv i thevandsdunst;
men det er sagtens Deres mindste kunst
at høre ånders røst, hvor ånden tier.
FALK *(bevæget)*. Nej, le ej, Svanhild; bagved Deres spot
der glittrer tårer, – o, jeg ser det godt.
Og jeg ser mer; er De i støvet trådt,
og æltet til et ler, hvis form ej huskes,
da skal af hver en tusindkunstner fuskes
med modellerkniv plumpt og dumt og råt.
Vorherres gerning verden plagierer,
den skaber Dem påny – i *eget* billed;
den ændrer, lægger til, tar fra, formerer.
Og er De *slig* på postamentet stillet,
da jubler den: Se *nu* er hun normal!
Se hvilken plastisk ro; som marmor sval!
Bestrålt af lys fra lampen og fra kronen
hun passer dejligt til dekorationen!
(griber lidenskabelig hendes hånd.)
Men skal De åndigt dø, da *lev* forinden!
Vær *min* i Herrens vårlige natur;
De kommer tidsnok i det gyldne bur.
Der trives damen, men der sygner kvinden,
og ene hende elsker jeg i Dem.
Lad andre få Dem i det nye hjem;
men *her*, her sprang min første livsvår ud, –
her skød mit sangertræ de første skud;
her fik jeg vingers flugt; – hvis De ej svigter,
jeg véd det, Svanhild, – her, her blir jeg digter!
SVANHILD *(blidt bebrejdende, idet hun trækker hånden til sig)*. O,
hvorfor siger De mig dette nu?
Det var så smukt, når vi i frihed mødtes.
De skulde tiet; skal da lykken støttes
af løftets ord, for ej at gå itu!
Nu har De talt, og nu er alt forbi.
FALK. Nej, jeg har pegt på målet, sæt nu over,

min stolte Svanhild, – hvis De springet vover.
Vær kæk; vis, De har mod at være fri!
SVANHILD. At være fri?
FALK. Ja, det er netop frihed,
at gøre heltud fyldest i sit kald;
og *De*, det véd jeg, blev af himlen viet
til værn for mig mod skønheds syndefald.
Jeg må, som fuglen jeg blev opkaldt efter,
mod vinden stige, skal jeg højden nå;
De er den luftning, jeg kan vugges på;
ved *Dem* får først min vinge bærekræfter.
Vær min, vær min, til De blir verdens eje, –
når løvet falder, skilles vore veje.
Syng Deres sjælerigdom i mig ind,
og jeg skal give digt for digt tilbage;
så kan De ældes under lampeskin,
som træet gulner, uden kval og klage.
SVANHILD *(med undertrykt bitterhed).* Jeg kan ej takke for den gode vilje,
skønt klart den viser Deres hjertelag.
De ser på mig, som barnet på en silje,
der skæres kan til fløjte for en dag.
FALK. Ja, det er bedre end i sumpen stå,
til høsten kvæler den med tåger grå.
(heftigt.)
De *må!* De *skal!* Ja, det er Deres pligt
at skænke mig, hvad Gud Dem gav så rigt.
Hvad De kun drømmer, gror i mig til digt!
Se fuglen *der*, – uvittigt jeg den slog;
den var for Dem, som sangens bøgers bog.
O, svigt mig ikke; syng for mig som den, –
mit liv skal give digt for sang igen!
SVANHILD. Og når De *kan* mig, og når jeg er tom
og sunget har min sidste sang fra grenen, –
hvad så?

FALK *(betragter hende).* Hvad så? Nå ja, så husk Dem om.
(peger ud i haven.)
SVANHILD *(sagte).* O ja, jeg husker De kan bruge stenen.
FALK *(ler hånligt). Det* er den frihedssjæl De pralte med, –
den, som gad vove, når kun målet var der!
(med styrke.)
Jeg har Dem målet vist; giv nu et svar, der
for evigt strækker til.
SVANHILD. De svaret véd:
På Deres veje kan jeg aldrig nå Dem.
FALK *(koldt afbrydende).* Så nok om den ting; lad så verden få Dem.
SVANHILD *(har i taushed vendt sig fra ham. Hun støtter hænderne
mod altanens rækværk og hviler hovedet på dem).*
FALK *(går nogle gange frem og tilbage, tar en cigar op, standser nær
ved hende og siger efter en pause):*
De finder visst, at det er meget latterligt,
hvad jeg har underholdt Dem med ikveld?
(holder inde som for at vente på svar. Svanhild tier.)
Jeg har forløbet mig, jeg ser det vel;
De kan kun føle søsterligt og datterligt; –
herefter taler jeg med handsker på,
slig vil vi to hinanden bedst forstå. – –
*(venter lidt; men da Svanhild blir ubevægelig stående, vender
han sig og går over til højre.)*
SVANHILD *(løfter hovedet efter en kort taushed, ser fast på ham og
nærmer sig).* Nu vil jeg sige Dem et alvorsord
til tak for frelsens hånd, De vilde rakt mig.
De brugte før et billed, som har vakt mig
til klar forstand på Deres «flugt fra jord».
De ligned Dem med falken, der må stævne
mod vinden, dersom den skal højden nå;
jeg var det vift, der bar Dem mod det blå, –
foruden mig var magtløs Deres evne. –
Hvor jammerligt! Hvor småt i et og alt, –
ja latterligt, som selv tilslut De aned!

I frugtbar jordbund lignelsen dog faldt;
thi for mit syn en *anden* frem den maned,
der ej, som Deres, hinker lam og halt.
Jeg så Dem, ej som falken, men som dragen,
som digterdrage, dannet af papir,
hvis eget jeg en biting er og blir,
mens sejlgarnssnoren udgør hovedsagen.
Den brede brystning var som skreven fuld
af fremtidsveksler på poetisk guld;
hver vinge var en bundt af epigrammer,
som slår i vejr og vind, men ingen rammer;
den lange hale var et tidens digt,
der skulde synes slægtens fejl at pidske,
men som kun drev det til så småt at hviske
om et og andet, der har brudt sin pligt.
Slig lå De magtesløs for mig og bad:
«Å, sæt mig op i vester eller øster!
Å, lad tilvejrs mig gå med mine kvad,
selv om det koster skænd af mor og søster!»
FALK *(knytter hænderne i stærk indre bevægelse).* Ved Gud i
himmelen –!
SVANHILD. Nej, tro mit ord,
til slig en børneleg er jeg for stor:
men De, som fødtes til en åndens dåd, –
De nøjes med en flugt mod skyens kyster
og hænger Deres digtliv i en tråd,
som jeg kan slippe når og hvor jeg lyster!
FALK *(raskt).* Hvad skriver vi idag?
SVANHILD *(mildere).* Se, det er smukt;
lad denne *Dag* en mærkedag Dem være;
lad farten gå for egne vingers flugt,
så får det enten briste eller bære.
Papirets digtning hører pulten til,
og kun den levende er livets eje;
kun *den* har færdselsret på højdens veje;

men vælg nu mellem begge den De vil.
(nærmere ved ham.)
Nu har jeg gjort, som før De bad mig om:
jeg sunget har min sidste sang fra grenen;
det var min eneste; nu er jeg tom;
hvis nu De lyster, kan De kaste stenen!
(hun går ind i huset; Falk blir ubevægelig stående og ser efter hende; langt ude på vandet skimtes en båd, derfra høres fjernt og dæmpet følgende:)
KOR. Jeg spiler min vinge, hejser mit sejl,
suser som ørn over livssjøens spejl;
agter går mågernes skare.
Overbord med fornuftens ballast kun!
Kanhænde jeg sejler min skude på grund;
men så *er* det dog dejligt at fare!
FALK *(adspredt, farer op af sine tanker).* Hvad? sang? Nå ja – det er
nok Linds kvartet,
den øver jublen ind; se det er ret!
(til Guldstad, som kommer ud med en støvfrakke på armen.)
Nå, herr grosserer, – lister man sig væk?
GULDSTAD. Ja. Lad mig bare først få på mig frakken;
vi upoeter tåler ikke træk,
hos os slår aftenluften sig på nakken.
Godnat!
FALK. Grosserer! Før De går, – et ord!
Peg på en gerning for mig, men en *stor* –!
På livet løs – –!
GULDSTAD *(med ironisk eftertryk).* Nå, gå De løs på livet,
så skal De se, det går på livet løs.
FALK *(ser tankefuld på ham og siger langsomt). Der* er i kort begreb
programmet givet.
(udbryder livligt.)
Nu er jeg vågnet af den tomme døs,
nu har jeg kastet livets store tærning,
og De skal se, – ja fanden ta'e mig –

GULDSTAD. Fy,
band ikke; sligt gør ej en flue sky.
FALK. Nej, ikke ord, men gerning, bare gerning!
Vorherres arbejdsplan jeg vender om; –
seks ugedage spildtes med at gabe;
min verdensbygning ligger endnu tom; –
imorgen, søndag – hej, da vil jeg skabe!
GULDSTAD *(leende)*. Ja, lad mig se, at De med kraft tar fat;
men gå nu ind og læg Dem først, godnat!
(går ud til venstre. Svanhild ses i værelset over verandaen, hun lukker vinduet og ruller gardinet ned.)
FALK. Nej, nu til dåd; forlænge har jeg sovet.
(ser op til Svanhilds vindu og udbryder som greben af en stærk beslutning:)
Godnat! Godnat! Drøm sødt i denne nat;
imorgen, Svanhild, er vi to forlovet.
(går raskt ud til højre; fra vandet lyder atter:)
KORET. Kanhænde du sejler din skude på grund;
men så *er* det dog dejligt at fare!
(Båden glider langsomt videre, idet teppet falder.)

ANDEN AKT

(Søndag eftermiddag. Pyntede damer og herrer drikker kaffe på altanen. Gennem de åbne glasdøre ses flere af gæsterne inde i havestuen; derfra høres følgende:)
KOR.
Velkommen i vort, de forlovedes, lag!
Nu kan I elske for åbne døre,
nu kan I favnes den lange dag,
nu kan I kysses efter behag; –
frygt ikke lytterens øre.

Nu kan I sværme så dejligt, I to;
det har I lov til ude og hjemme.
Nu kan jer kærlighed frit sætte bo;

plej den og vand den og lad den så gro;
vis os nu pent I har nemme!
FRØKEN SKÆRE *(inde i stuen)*. Nej, at jeg ikke skulde vidst det, Lind;
jeg skulde drillet Dem!
EN DAME *(sammesteds)*. Uf, ja hvor græmmeligt!
EN ANDEN DAME *(i døren)*. Han *skrev* vel, Anna?
EN TANTE. Nej!
FRØKEN SKÆRE. Det gjorde *min*.
EN DAME *(på altanen)*. Anna, hvor længe har det været hemmeligt?
(løber ind i stuen.)
FRØKEN SKÆRE. Imorgen må du ud og købe ring.
FLERE DAMER *(ivrigt)*. Vi skal ta'e mål af ham!
FRØKEN SKÆRE. Snak om en ting;
det skal hun selv.
FRU STRÅMAND *(på altanen, til en dame med håndarbejde)*. De syr
med attersting?
HUSJOMFRUEN *(i døren, med en brikke)*. En halv kop kaffe til?
EN DAME. Ja tak, en dråbe.
FRØKEN SKÆRE. Hvor heldigt, at du får din nye kåbe
til næste uge, når I skal omkring.
EN ALDRENDE DAME *(i stuen ved vinduet)*. Når går vi så i
udstyrsmagasinet?
FRU STRÅMAND. Hvad er vel prisen nu på postelinet?
EN HERRE *(til nogle damer på altanen)*. Læg mærke til herr Lind
med Annas handske.
NOGLE AF DAMERNE *(med højrøstet glæde)*. Ved Gud, han kyssed
den!
ANDRE *(ligeså, idet de springer op)*. Hvad! Er det sandt!
LIND *(viser sig, rød og forlegen indenfor døren)*. Å hvilken snak!
(fjerner sig.)
FRØKEN SKÆRE. Jo visst, jeg så det grant!
STYVER *(i døren med en kaffekop i den ene hånd og en tvebak i den
anden)*. Nej, man må ikke faktum så forvanske;
jeg attesterer, vidnerne tar fejl.
FRØKEN SKÆRE *(indenfor og uden at ses)*. Kom, Anna; stil dig foran

45

dette spejl!
NOGLE DAMER *(råbende).* De også, Lind!
FRØKEN SKÆRE. Ryg imod ryg! Lidt nøjere!
DAMERNE PÅ ALTANEN. Kom, lad os se, hvor meget han er højere.
(Alle løber ind i havestuen; latter og højrøstet passiar høres en stund derinde.)
FALK *(som under det foregående optrin har spadseret omkring i haven, kommer nu frem i forgrunden, standser og ser ind, til larmen nogenlunde har lagt sig).* Der slagter de en elskovs poesi. –
Hin fusker, som stak koen ubehændigt,
så den i døden pintes unødvendigt,
han fik sit vand og brød i dage ti;
men disse – disse *der* –, de slipper fri.
(knytter hånden.)
Jeg kunde fristes til –; hys, tomt er ordet;
kun handling fra idag, det har jeg svoret.
LIND *(kommer hastigt og forsigtigt ud af døren).* Nå, Gud ske lov, nu taler de om smagen;
nu kan jeg slippe –
FALK. Hej, du er da tryg
på lykken; ønskesværmen, tæt, som myg,
har surret op og ned her hele dagen.
LIND. De mener det så vel, den hele flok;
skønt noget mindre kunde være nok.
Den andel, som de tar, er næsten trættende;
at slippe bort en stund vil være lettende.
(vil gå ud til højre.)
FALK. Hvor går du?
LIND. Ned på hyblen, har jeg tænkt.
Bank på, ifald du finder døren stængt.
FALK. Men skal jeg ikke hente Anna ud til dig?
LIND. Nej – vil hun noget, sender hun nok bud til mig.
Vi taltes ved igår til langt på nat;
da fik jeg hende sagt omtrent det vigtigste;

desuden synes jeg, det er det rigtigste,
  at omgås sparsomt med sin lykkes skat.
FALK. Ja, du har ret; man bør for dybt ej gribe
  til dagligbrug –
LIND. Hys, lad mig komme væk.
  Nu skal jeg få mig en fornuftig pibe;
  jeg har ej røgt tre hele døgn i træk.
  Mit blod har været i en slig bevægelse;
  jeg gik og skalv for at hun skulde vrage mig –
FALK. Ja, du kan trænge til lidt vederkvægelse.
LIND. Og du kan tro, at knasteren skal smage mig.
  (går ud til højre. Frøken Skære og nogle andre damer kommer fra havestuen.)
FRØKEN SKÆRE *(til Falk)*. Det var visst *ham*, der gik?
FALK. Ja, det var vildtet.
NOGLE DAMER. At løbe fra os!
ANDRE. Fy, det er da skam!
FALK. Han er lidt sky endnu, men blir nok tam,
  når han en ugestid har båret skiltet.
FRØKEN SKÆRE *(ser sig om)*. Hvor sidder han?
FALK. Nu sidder han på kvisten
  i havehuset, i vor fælles rede;
  (bønligt.)
  men De må ikke *drive* ham dernede;
  å, lad ham puste ud!
FRØKEN SKÆRE. Nu vel; men fristen
  blir ikke lang.
FALK. Å, giv ham et kvarter, –
  så kan De forfra jo begynde legen.
  Nu er han inde i en engelsk præken –
FRØKEN SKÆRE. En engelsk –?
DAMERNE. Å, De narrer os! De ler!
FALK. For ramme alvor. Han er fast bestemt på
  at modta'e kald etsteds blandt emigranterne,
  og derfor –

FRØKEN SKÆRE *(forskrækket).* Gud, han har da ikke gemt på
det gale indfald?
(til damerne.)
Råb på alle tanterne!
Hent Anna og fru Stråmand og fru Halm!
NOGLE DAMER *(i bevægelse).* Ja, sligt må hindres!
ANDRE. Vi må gøre kvalm!
FRØKEN SKÆRE. Der er de; gudskelov;
*(til Anna, der kommer fra havestuen sammen med presten, hans
kone og børn, Styver, Guldstad, fru Halm og de øvrige gæster.)*
Véd du, hvad Lind
er fast bestemt på i sit stille sind?
At gå som prest derover –
ANNA. Ja, jeg véd.
FRU HALM. Og du har lovet ham –!
ANNA *(forlegen).* At rejse med.
FRØKEN SKÆRE *(oprørt).* Så har han snakket for dig!
DAMERNE *(slår hænderne sammen).* Nej, – hvor snedig!
FALK. Men husk den indre trang hos ham –!
FRØKEN SKÆRE. Ja, Gud;
den følger man, når man er *løs* og *ledig*;
men en *forlovet* følger blot sin brud. –
Nej, søde Anna, tænk dig om itide;
du er i hovedstaden barnefødt –?
FALK. At lide for ideen er dog sødt!
FRØKEN SKÆRE. Skal man for kærestens ideer lide?
Til sligt er man, ved Gud, dog ikke nødt!
(til damerne.)
Kom allesammen!
(tar Anna under armen.)
Vent; nu skal du høre; –
lad så ham vide, hvad han har at gøre.
*(de går op mod baggrunden og ud til højre i ivrig samtale med
flere af damerne; de øvrige gæster spreder sig i forskellige
grupper rundt om i haven. Falk standser Stråmand, hvis kone og*

børn stedse holder sig i hans nærhed. Guldstad går fra og til under den følgende samtale.)
FALK. Herr pastor, hjælp den unge troens kæmpe,
før de får frøken Anna stemt imod ham.
STRÅMAND *(i embedstone).* Ja kvinden bør sig efter manden
lempe; – –
(betænkelig.)
Men dersom jeg i middags ret forstod ham,
så hviler kaldet på en uviss grund,
og offeret, som bringes, er nok tvilsomt –
FALK. Å nej, herr pastor, døm dog ej for ilsomt.
Jeg tør forsikkre Dem med hånd og mund,
hans kald er meget stort og ubestrideligt –
STRÅMAND *(opklaret).* Ja, – er han sikkret *noget visst* pålideligt
for året, – *da* er det en anden sag.
FALK *(utålmodig).* De stiller foran, hvad jeg sætter bag;
jeg mener *kaldet*, – *trangen*, – ikke *gagen*!
STRÅMAND *(med et følelsesfuldt smil).* Foruden den kan ingen vidne
i
Amerika, Europa eller Asien, –
kort ingensteds. Ja, dersom han var *fri*,
min kære unge ven, – hvis han var *enlig*,
var *løs* og *ledig*, – nå, da gik det an;
men Lind, som er i fuld forlovet stand, –
for ham er slig bestilling ikke tjenlig.
Tænk efter selv; han er en kraftig mand,
med tiden må han stifte lidt familje; –
jeg forudsætter han har bedste vilje; –
men *midlerne*, min ven –? «Byg ej på sand»,
så siger skriften. Tingen var en anden,
hvis offeret – –
FALK. Ja, det er ikke ringe,
det véd jeg nok.
STRÅMAND. Ja se, – *det* hjælper manden!
Når *offeret* man villig er at bringe,

49

og rigeligt –
FALK. Han villig er som få.
STRÅMAND. *Han?* Hvordan skal jeg Deres ord forstå?
I standens medfør skal han offer *tage*,
men ikke *bringe* –
FRU STRÅMAND *(ser ud i baggrunden)*. Der er de tilbage.
FALK *(stirrer et øjeblik forbauset på ham, forstår ham pludselig og brister i latter)*. Hurra for offeret; – ja det, som blir
til højtids *bragt* – i struttende papir!
STRÅMAND. For går man året rundt *I* tøm og trindse,
så har man det igen til jul og pindse.
FALK *(lystig)*. Og «kaldet» lydes – når det er *tilstrækkeligt*, –
selv om man hører til familjeskafferne!
STRÅMAND. Forstår sig; er man sikkret noget *klækkeligt*,
så bør man vidne selv blandt Zulukafferne.
(dæmpet.)
Nu skal jeg tage hende med det gode.
(til en af småpigerne.)
Min lille Mette, hent mig ud mit hode.
Klodshodet mener jeg, mit barn, forstå mig –
(føler bag i frakkelommen.)
nej, vent et øjeblik; – jeg har det på mig.
(går opover og stopper sin pibe, fulgt af kone og børn.)
GULDSTAD *(kommer nærmere)*. De spiller nok en smule slange her
i elskovsparadiset, kan jeg skønne!
FALK. Å, kundskabstræets karter er så grønne;
de frister ingen.
(til Lind, som kommer fra højre.)
Nåda, – er du der?
LIND. Men Gud forbarme sig, hvor der ser ud
på værelset; der ligger lampen knækket,
gardinet revet ned, vor stålpen brækket,
og over kakkelovnspladen flyder blækket –
FALK *(slår ham på skuldren)*. Det hærværk bær min livsvårs første
bud.

Forlænge har jeg siddet bag gardiner
og digtet skriftlig under lampen tændt;
nu er min døde stuedigtning endt; –
med Herrens solskin jeg i dagen triner; –
min vår er kommen og min sjæls forvandling;
herefter digter jeg i dåd og handling.
LIND. Ja, digt for mig i hvad du vil; men vent
ej derfor, at min svigermor er tjent
med tabet af de malede gardiner.
FALK. Hvad! Hun, som offrer alt på de logerende,
selv søsterbørn og døttre, – skulde hun
ta'e slig en småting op med sure miner!
LIND *(vred)*. Det er usømmeligt i bund og grund,
ja for os begge to kompromitterende!
Dog hun og du om det; men lampen var
min ejendom med både glas og kuppel –
FALK. Å pyt, – *den* volder mig da ingen skruppel;
du har Vorherres sommer lys og klar, –
hvad skal så lampen til?
LIND. Du er mærkværdig;
du glemmer rent, at sommeren er kort.
Jeg tænker nok, skal jeg til jul bli færdig,
det gælder, ej at sløse tiden bort.
FALK *(med store øjne)*. Du tænker *fremad*?
LIND. Ja, det gør jeg rigtignok;
jeg skulde tro, examen er en vigtig nok –
FALK. Men husk iaftes! Husk: Du går og *lever*;
berust i nuet intet mer du kræver, –
selv ej et middelmådigt haud til jul; –
du har jo fanget lykkens fagre fugl;
du har en følelse, som om du stod
med verdens rigdom drysset for din fod!
LIND. Det har jeg sagt; men sligt er at forstå,
naturligvis, cum grano salis –
FALK. Nå!

LIND. Om *formiddagen* vil jeg nyde lykken,
    det er jeg fast bestemt på.
FALK. Det er kækt!
LIND. Jeg må jo hilse på min nye slægt,
    så tiden går alligevel tilspilde;
    men nogen yderligere forrykken
    af timeplanen lønned sig nok ilde.
FALK. Og endda vilde du i forrige uge
    gå i den vide verden ud med sang.
LIND. Ja, men jeg skønte turen blev for lang;
    de fjorten dage kan jeg bedre bruge.
FALK. Nej, du blev hjemme af en *anden* grund;
    du snakked noget om at dalens bund
    for dig har højfjeldsluft og fuglekvidder.
LIND. Ja vistnok, – luften her er meget sund;
    men den kan nydes, om man også sidder
    i regelmæssigt arbejd med sin bog.
FALK. Men *bogen* var det jo, der ej forslog,
    som himmelstige –
LIND. Uf, hvor du er stædig;
    sligt siger man, når man er *løs* og *ledig* –
FALK *(ser på ham og folder hænderne i stille forbauselse)*. Du også,
    Brutus!
LIND *(med et anstrøg af forlegenhed og ærgrelse)*. Kom dog vel ihu,
    at jeg har andre pligter, jeg, end du.
    Jeg har min kæreste. Se alle andre
    forlovede, selv folk med lang erfaring,
    som du forhåbentlig dog ej vil klandre, –
    de påstår alle, dersom to skal vandre
    igennem livet, så –
FALK. Spar din forklaring.
    Hvem gav dig den?
LIND. Å, for exempel Styver,
    og det er dog en mand, som ikke lyver.
    Og frøken Skære, som er så erfaren,

hun siger –
FALK. Nå, men presten og hans Maren?
LIND. Ja, det er mærkeligt med disse to;
der hviler over dem en sindets ro –
tænk dig, hun kan ej huske sin forlovelse,
har ganske glemt, hvad den ting er, at elske.
FALK. Ja, *det* er følgen af enhver forsovelse, –
erindringsfuglene blir rent rebelske.
(lægger hånden på hans skulder og ser ironisk på ham.)
Du, kære Lind, du sov visst sødt inat?
LIND. Til langt på dag; jeg gik tilsengs så mat,
og dog på samme tid i slig en rørelse;
jeg frygted næsten, jeg var bleven gal.
FALK. Å ja, du led jo af et slags forgørelse.
LIND. Men Gud ske lov, så vågned jeg normal.

(Under dette optrin har Stråmand af og til vist sig spadserende i baggrunden i ivrig samtale med Anna; fru Stråmand og børnene følger bagefter. Frøken Skære viser sig nu også; tilligemed hende fru Halm og endel andre damer.)

FRØKEN SKÆRE *(endnu før indtrædelsen).* Herr Lind!
LIND *(til Falk).* Der er de efter mig igen!
Kom, lad os gå.
FRØKEN SKÆRE. Nej bi; hvor skal De hen?
Lad os ihast få ende på uenigheden,
som De og Deres kæreste er kommen i.
LIND. Er vi uenige?
FRØKEN SKÆRE *(viser mod Anna, som står længere inde i haven).* Ja,
læs selv dommen i
hint tårerige blik. Det gælder menigheden
der over i Amerika.
LIND. Men, Gud,
hun var jo villig –
FRØKEN SKÆRE *(spodsk).* Jo, det ser så ud!
Nej, kære, De vil anderledes dømme,
når vi får drøftet sagen mer i ro.

LIND. Men denne strid for troen, den er jo
   min fremtids bedste drøm!
FRØKEN SKÆRE. Å, hvem vil tro
   i vor civiliserte tid på drømme?
   Se, Styver drømte nu forleden nat,
   der kom et brev, som var så selsomt kantet –
FRU STRÅMAND. At drømme sligt er forbud for en *skat*.
FRØKEN SKÆRE *(med et nik)*. Ja, – næste dag han blev
   for *byskat* pantet.
   *(Damerne slår kreds om Lind og går samtalende med ham
   opover i haven.)*
STRÅMAND *(fortsættende til Anna, der næsten søger at undgå
   ham)*. Af disse grunde, kære unge barn,
   af disse grunde, hentet fra fornuften,
   ja fra moralen og tildels fra skriften,
   De indser nu, at slig en meningsskiften
   må kaldes ganske greben ud af luften.
ANNA *(halvt grædende)*. Ja, Gud, – jeg er endnu så uerfaren – –
STRÅMAND. Og det er så naturligt, at man har en
   utidig frygt for faren og for snaren;
   men lad ej tvivlen få Dem i sit garn, –
   vær uforsagt; spejl Dem i mig og Maren!
FRU STRÅMAND. Ja, jeg har hørt idag af Deres *Moder*,
   at jeg var ligeså forknyt, som De,
   da vi fik kaldet –
STRÅMAND. Det var og fordi
   hun skulde bort fra hovedstadens goder;
   men da vi havde samlet nogle skillinger,
   og da vi havde fåt de første tvillinger,
   så gik det over.
FALK *(sagte til Stråmand)*. Bravo! De er stor
   som taler!
STRÅMAND *(nikker til ham og vender sig atter til Anna)*. Hold De
   derfor Deres ord!
   Skal mennesket forsage? Falk fortæller,

at kaldet ikke er så ringe heller; –
så var det jo?
FALK. Nej, pastor –
STRÅMAND. Jo, ved Gud –!
(til Anna.)
Så *noget* visst kan deraf gøres ud.
Og er det så, hvi skal vi da forsage?
sku om Dem i de længst fremfarne dage!
Se Adam, Eva, dyrene i arken –
se liljerne i luften – fuglene på marken –
de fugle små – de fugle små – de fiske – –
(vedbliver dæmpet, idet han fjerner sig med Anna.)
FALK *(idet frøken Skære og tanterne kommer med Lind).* Hurra! Der
kommer kærnetropper friske;
den hele gamle garde i gevær!
FRØKEN SKÆRE. Nå, det er godt vi finder hende her.
(dæmpet.)
Vi *har* ham, Falk! – nu til veninden *der.*
(nærmer sig Anna.)
STRÅMAND *(med en afværgende bevægelse).* Hun trænger ingen
verdslig overtalelse;
ej gøres *der,* hvor ånden har gjort sit,
behov at verden –
(beskeden.)
har jeg virket lidt,
så fik jeg kraft – –!
FRU HALM. Nå, uden al forhalelse
forsoning da!
TANTERNE *(rørte).* O Gud, hvor det er smukt!
STRÅMAND. Ja, gives vel et sind, så døvt og lukt,
at ej det finder sligt et optrin gribende?
det er så skærpende, det er så slibende,
det er så vækkende, at se et ungt
umyndigt barn, som bringer offret, tungt,
men villigt dog på pligtens alter.

FRU HALM. Ja,
  men hendes slægt har også været virksom.
FRØKEN SKÆRE. Ja, jeg og tanterne, – det véd jeg da!
  De, Lind, De ejer hendes hjertes nøgle;
  men vi, veninderne, vi har en dirk, som
  kan lukke op, hvor nøglen ej forslår; –
  (trykker hans hånd).
  og hvis det trænges i de senere år,
  så kom til os, – vort venskab kan ej gøgle.
FRU HALM. Ja, vi er om jer, hvor I står og går –
FRØKEN SKÆRE. Og skærmer jer mod tvedragts fæle øgle.
STRÅMAND. O, denne klynge! Kærlighed og venskab!
  en stund, så glad, og dog så vemoddryssende!
  (vender sig til Lind.)
  Men, unge mand, lad tingen få en endskab?
  (fører Anna til ham.)
  Tag hen din brud, – din brud tag hen – og kys
  hende!
LIND *(rækker Anna hånden).* Jeg rejser ej!
ANNA *(på samme tid).* Jeg følger med!
ANNA *(forbauset).* Du rejser ej?
LIND *(ligeså).* Du følger?
ANNA *(med et hjælpeløst blik på de omstående).* Men, Gud, så skilles
  vi jo ligefuldt!
LIND. Ja, hvad er *det*?
DAMERNE. Hvad nu!
FRØKEN SKÆRE *(ivrig).* Nej, her sig dølger
  en misforståelse –
STRÅMAND. Hun loved huldt,
  at rejse med!
FRØKEN SKÆRE. Og Lind svor højt at blive!
FALK *(leende).* De begge føjed sig; hvad fattes *da*?
STRÅMAND. Nej, de forviklinger er mig for stive!
  (går op mod baggrunden.)
TANTERNE *(i munden på hverandre).* Men Herregud, hvem kommer

striden fra?
FRU HALM *(til Guldstad og Styver, som har spadseret udenfor i haven og nu nærmer sig).* Her er uenighed på alle kanter.
(taler sagte med dem.)
FRU STRÅMAND *(til frøken Skære, idet hun ser, at havebordet dækkes).* Nu får vi thevand.
FRØKEN SKÆRE *(kort).* Gudskelov.
FALK. Hurra
for venskab, thevand, kærlighed og tanter!
STYVER. Men dersom sagen hænger sådan sammen,
så kan den endes let til alles gammen.
Processen hviler på en paragraf,
som siger: konen skal sin husbond følge.
Dens ord er klare, det kan ingen dølge –
FRØKEN SKÆRE. Ja så; men hvor blir da forliget af?
STRÅMAND. Hun lyde må en lov, som kom fraoven –
STYVER. Men så kan Lind jo eludere loven; –
(henvendt til Lind.)
Hal rejsen ud, og rør Dem ej af pletten.
TANTERNE *(glade).* Ja det går an!
FRU HALM. Ja visst!
FRØKEN SKÆRE. Så skilles trætten.
(Svanhild og pigerne har imidlertid dækket thebordet nedenfor altantrappen. På fru Halms opfordring sætter damerne sig om bordet. Det øvrige selskab tager plads dels på altanen og i lysthuset, dels rundt om i haven. Falk sidder på altanen. Under det følgende drikkes the.)
FRU HALM *(smilende).* Så trak det lille uvejr da forbi.
Slig sommerregn gør godt, når den er over;
da skinner solen dobbelt smukt, og lover
en eftermiddagsstund for skyer fri.
FRØKEN SKÆRE. Ja, kærlighedens blomst behøver større
og mindre regnskyl for at holdes frisk.
FALK. Den dør, såsnart den bringes på det tørre;
for såvidt har den lighed med en fisk –

SVANHILD. Nej, kærligheden lever jo af luften –
FRØKEN SKÆRE. Og den må fisken dø i –
FALK. Ganske sandt.
FRØKEN SKÆRE. Der kan De se, vi Deres tunge bandt!
FRU STRÅMAND. Den the er god, det kender man på duften.
FALK. Nå, lad det blive da ved blomsterlignelsen.
Den *er* en blomst; thi nægtes den velsignelsen
af himlens regn, så hartad den går fløjten – –
(standser.)
FRØKEN SKÆRE. Hvad da?
FALK *(med et galant buk).* Da kommer tanterne med sprøjten. –
Men lignelsen har digterne nu brugt,
og godtfolk gennem snese slægter slugt, –
og endda er den for de fleste tåget;
thi blomstervrimmelen er stor og broget.
Sig, hvilken særlig blomst er kærligheden?
Nævn *den*, som har den største lighed med den.
FRØKEN SKÆRE. Den er en *rose*; Gud, det véd enhver; –
den låner livet jo et rosenskær.
EN UNG DAME. Den er en *hvidvejs*, vokser under sneen;
først når den springer ud, får verden se'en.
EN TANTE. Den er en *løvetand*, som trives bedst,
når den blir knust af mandshæl eller hest,
ja skyder skud, når nedtrådt den er blevet,
som digter Pedersen så smukt har skrevet.
LIND. *Vårklokken* er den; i dit unge sind
den ringer livets pindsehøjtid ind.
FRU HALM. Nej, den er *eviggrønt*, som ej står brun i
december selv, så lidt som midt i juni.
GULDSTAD. Nej, den er *islandsk mos* i godvejr høstet:
den læger frøkener med ondt for brystet.
EN HERRE. Den er en *vild kastanje*, – meget priselig
som kakkelovnsved, men frugten er uspiselig.
SVANHILD. Nej, en *kamelia*; som før konvallerne,
den er jo damers *hovedpynt* på ballerne.

FRU STRÅMAND. Nej, den er lig en blomst, som var så net; –
bi lidt – den var nok grå – nej, violet; –
hvad hed den nu –? Lad se – den ligned dem,
som – –;
nej, det er mærkeligt, hvor jeg er glemsom.
STYVER. Hvert blomsterbilled går på halte ben.
Den ligner snarere en blomster*potte*;
ad gangen har den ikkun plads for en,
men *efterhånden* kan den rumme otte.
STRÅMAND *(i børneflokken)*. Nej, kærligheden er et *pæretræ*;
om våren pære-blomster-hvid, som sne;
lidt udpå året blomsterne sig arter
til fler og flere store grønne karter;
af faderstammens safter de sig nærer; –
med gudshjælp blir de allesammen pærer.
FALK. Så mange hoveder, så mange sind!
Nej, alle famler de på gale veje.
Hver lignelse er skæv; men hør nu min; –
den kan på hver en vis De sno og dreje.
(rejser sig i talerstilling.)
Der gror en plante i det fjerne øst;
dens odelhjem er solens fætters have –
DAMERNE. Å, det er *theen*!
FALK. Ja.
FRU STRÅMAND. Han har en røst,
som Stråmand, når han –
STRÅMAND. Bring ham ej af lave.
FALK. Den har sit hjem i fabellandets dale,
vel tusind mile bagom ørkner golde; –
fyld koppen, Lind! Så tak. Nu skal jeg holde
om the og kærlighed en thevandstale.
(Gæsterne rykker nærmere sammen.)
Den har sit hjem i eventyrets land;
ak, *der* har også kærligheden hjemme.
Kun solens sønner, véd vi, fik forstand

på urtens dyrkning, på dens røgt og fremme.
Med kærligheden er det ligeså.
En dråbe solblod må i åren slå,
hvis kærlighed skal skyde rod derinde,
skal grønnes, gro, og frem til blomstring vinde.
FRØKEN SKÆRE. Men Kina er et meget gammelt land,
så theens ælde deraf sluttes kan –
STRÅMAND. Den var visst til før Tyrus og Jerusalem.
FALK. Ja den var kendt, da salig herr Methusalem
i billedbogen bladed på sin skammel –
FRØKEN SKÆRE *(triumferende)*. Og kærlighedens væsen er jo ungt!
at finde lighed her, vil falde tungt.
FALK. Nej, kærligheden er og meget gammel;
den læresætning underskriver *vi* jo
så troende, som folk i Kap og Rio; –
ja, fra Neapel og til nord for Brevig
der gives dem, der påstår den er *evig*; –
nå, deri er vel nogen overdrivelse, –
men *gammel* er den over al beskrivelse.
FRØKEN SKÆRE. Men kærlighed og kærlighed er et;
af the der gives både god og slet.
FRU STRÅMAND. Ja, man har the i mange kvaliteter.
ANNA. De grønne forårsspirer allerførst –
SVANHILD. Den slags er kun for solens døttres tørst.
EN UNG DAME. Man skildrer den berusende som æther –
EN ANDEN. Som lotos duftende, og sød som mandelen.
GULDSTAD. *Den* forekommer aldrig *her* i handelen.
FALK *(som imidlertid er trådt ned fra altanen)*. Ak, mine damer, hver
i sin natur
har og et særligt lidet «himmelsk rige».
Der knopped sig af spirer tusind slige
bag blyheds faldende kinesermur.
Men fantasiens små kineserdukker,
som sidder i kioskens ly og sukker,
som drømmer vidt – så vidt –, med slør om

lænderne,
med gyldne tulipaners flor i hænderne, –
til *dem* I førstegrødens knopper sanked;
jer var det et, hvad høst der siden vanked.
Se, derfor når til os, med grus og stilke, –
en efterslæt, mod hin, som hamp mod silke, –
en høst, som fås af træet ved at sparke det –
GULDSTAD. Det er den sorte the.
FALK *(med et nik)*. Den fylder markedet.
EN HERRE. Så taler Holberg om en the de beuf –
FRØKEN SKÆRE *(snærpet)*. Den er visst ubekendt for nutidsganer.
FALK. Der gives og en kærlighed de beuf;
den slår sin mand for panden – i romaner,
og skal nok spores fra og til i tøffelhæren
under ægteskabets faner.
Kort, der er lighed, hvor De mindst det tror.
Således siger jo et gammelt ord,
at theen lider, mister noget af et
aroma, som i plantens indre bor,
ifald til os den føres over havet.
Igennem ørknen må den, over bakkerne, –
må svare told til Russen og Kosakkerne; –
de stempler den, så får den vidre fare,
så gælder den blandt os for ægte vare.
Men går ej kærligheden samme vej?
Igennem livets ørk? Hvad blev vel følgerne,
hvad skrig, hvad verdens dom, hvis De, hvis jeg
bar kækt vor elskov over frihedsbølgerne!
«Gud, den har tabt moralens krydderi!»
«Legalitetens duft er rent forbi!»
STRÅMAND *(rejser sig)*. Ja, gudskelov – i sædelige lande
er slige varer endnu kontrabande!
FALK. Ja, skal den hertillands passere frit,
så må den gennem reglernes Siberien,
hvor ingen havluft skade kan materien; –

så må den vise segl og sort på hvidt
fra kirkeværge, organist og klokker,
fra slægt og venner, kendinger og pokker,
og mange andre brave mænd, foruden
det fripas, som den fik af selve guden. -
Og så det sidste store lighedspunkt;
se, hvor kulturens hånd har lagt sig tungt
på «himmelriget» i det fjerne østen;
dets mur forfalder, og dets magt er sprængt,
den sidste ægte mandarin er hængt,
profane hænder alt besørger høsten.
Snart «himlens rige» er en saga blot,
et eventyr, som ingen længer tror på;
den hele verden er et gråt i gråt; -
vidunderlandet har vi kastet jord på.
Men har vi det, - hvor er da kærligheden?
Ak, da er også den jo vandret heden!
(løfter koppen ivejret.)
Nå, lad forgå, hvad tiden ej kan bære; - -
en thevandsskål til salig Amors ære!
(drikker ud; stærk uvilje og bevægelse i selskabet.)
FRØKEN SKÆRE. Det var en meget sælsom brug af ordet!
DAMERNE. At kærligheden skulde være død -!
STRÅMAND. Her sidder den jo sund og rund og rød
i alskens skikkelser om thevandsbordet.
Her har vi enken i sin sorte dragt -
FRØKEN SKÆRE. Et trofast ægtepar -
STYVER. Hvis elskovspagt
kan lægge mangt et håndfast pant irette.
GULDSTAD. Derefter kommer kærlighedens lette
kavalleri, - de mange slags forlovede.
STRÅMAND. Først veteranerne, hvis forbund vovede
at trodse tidens tand -
FRØKEN SKÆRE *(afbryder).* Og så eleverne
i første klasse, - parret fra igår -

STRÅMAND. Kort, her er sommer, vinter, høst og vår;
    den sandhed kan De tage på med næverne,
    med øjne se, og høre den med øren –
FALK. Nu ja?
FRØKEN SKÆRE. Og endda viser De den døren!
FALK. De har nok højlig misforstået mig, frøken.
    Når har jeg nægtet disse ting var til?
    Men De må komme vel ihug, at røgen
    er ikke altid just bevis på ild.
    Jeg véd så såre vel, man tar til ægte,
    familje stiftes, og deslige ting;
    De skal visst aldrig høre mig benægte,
    at der i verden findes kurv og ring,
    at rosenrøde små billetter skrives
    og lukkes med et duepar, som – kives,
    at der går kærester i hver en gade,
    at gratulanterne får chocolade,
    at skik og brug har formet et reskript
    med egne regler for enhver «forliebt»; – –
    men Herregud, vi har jo og majorer,
    et arsenal med stort materiel,
    her findes trommer, huggerter og sporer, –
    men hvad beviser så det hele vel?
    Blot at vi ejer folk med sværd ved belte,
    men ingenlunde at vi ejer helte.
    Ja, selv om hele lejren fuld af telte stod, –
    var det da derfor sagt der gaves heltemod?
STRÅMAND. Nå, billighed i alt; oprigtigt talt
    det er ej altid just i sandheds tjeneste,
    når unge folks forelskelse blir malt
    så stærk og så, – ja, som det var den eneste.
    På *den* er ej til hver en tid at bygge;
    nej, først i ægteskabets huslig-hygge
    står kærligheden grundet på en klippe,
    som aldrig svigter og som ej kan glippe.

FRØKEN SKÆRE. Da er jeg af en ganske anden mening.
Jeg skulde tro to hjerters fri forening,
som løses kan idag, men årvis varer,
dog kærlighedens ægthed bedst forsvarer.
ANNA *(med varme)*. O, nej, – et forhold, som er friskt og ungt,
er dog på kærne mere rigt og tungt.
LIND *(tankefuld)*. Hvem véd om ej det dufter af ideen,
som frøknens hvidvejs, ikkun under sneen.
FALK *(pludselig udbrydende)*. Du faldne Adam! *Det* var hjemve-
tanken,
som søgte Eden bagom gærdeplanken!
LIND. Hvad snak!
FRU HALM *(krænket, til Falk, idet hun rejser sig)*. Det er just intet
venskabsstykke,
at vække tvist, hvor vi har stiftet fred;
frygt ej for Deres ven og for hans lykke –
NOGLE DAMER. Nej, den er viss!
ANDRE. Ja, det vi sikkert véd.
FRU HALM. Vel har hun ej lært kogebog i skolen,
men det skal læres endnu denne høst.
FRØKEN SKÆRE. Til brylluppet hun selv broderer kjolen.
EN TANTE *(klapper Anna på hovedet)*. Og blir fornuftig så det er en
lyst.
FALK *(ler højt)*. O, du fornuft-karrikatur, som dræber
med galskabs hallingdans på vennelæber!
Var det fornuftighed, han vilde finde?
Var det en kogebogs professorinde?
Han kom herind som vårens glade svend,
han kåred havens unge vilde rose.
I drog den op for ham; – han kom igen; –
hvad bar så busken? Hyben!
FRØKEN SKÆRE *(stødt)*. Vil De skose?
FALK. En nyttig frugt til husbrug, – ja, ved Gud!
Men hybnen var dog ej hans vårdags brud.
FRU HALM. Ja, hvis herr Lind har søgt en balheltinde,

så er det slemt; hun er ej her at finde.
FALK. O ja, – jeg véd, der drives jo et døgnkoketteri
med huslighedens tanke;
det er et rodskud af den store løgn,
der gror i højden, lig en humleranke.
Jeg tar ærbødig hatten af, min frue,
for «balheltinden»; hun er skønhedsbarn, –
og idealet spænder gyldne garn
i ballets sal, men knapt i ammens stue.
FRU HALM *(med undertrykt forbittrelse).* Herr Falk, slig adfærd har
en nem forklaring.
Forlovet mand er tabt for venners lag;
det er nok kærnen i den hele sag;
jeg har i det kapitel god erfaring.
FALK. Naturligvis; – syv søsterdøttre gifte –
FRU HALM. Og gifte lykkeligt!
FALK *(med eftertryk).* Ja, *er* det visst?
GULDSTAD. Hvad nu!
FRØKEN SKÆRE. Herr Falk!
LIND. Er det din agt at stifte
uenighed!
FALK *(med udbrud).* Ja, krig og splid og tvist!
STYVER. Du, som er lægmand, en profan i faget!
FALK. Ja, lad det gå; jeg hejser endda flaget!
Ja, krig jeg vil med hænder og med fødder,
en krig mod løgnen med de stærke rødder,
mod løgnen, som I røgtet har og vandet,
så frækt den knejser og ser ud som sandhed!
STYVER. Jeg protesterer mod alt ubevist,
og forbeholder mig regres – –
FRØKEN SKÆRE. Ti stille!
FALK. Så det er *kærlighedens* friske kilde,
som hvisker om, hvad enken har forlist, –
hin kærlighed, som slettet «savn» og «klage»
af sproget ud i lykkens lyse dage!

Så det er *kærlighedens* sejersflod,
som ruller gennem ægteparrets årer, –
hin kærlighed, som kækt på skandsen stod,
og trådte skik og vedtægt under fod,
og lo af alle verdens kloge dårer!
Så det er *kærlighedens* skønhedsflamme,
som holder en forlovelse igang
i lange år! Ja så! Det er den samme,
som ildned selv kontorets søn til sang!
Så det er *kærlighedens* unge lykke,
som frygter farten over havets hvælv,
som *kræver* offer, skønt i fagrest smykke
den skulde stråle – *offrende sig selv*! –
O nej, I løgnens dagligdagsprofeter,
kald tingen en gang med sit rette navn;
kald enkestandens rørelser for *savn*,
og ægtestandens *vane*, som de heder!
STRÅMAND. Nej, unge mand, slig frækhed er for stor!
Der er bespottelse i hvert et ord!
(træder Falk tæt under øjnene.)
Nu aksler jeg mit gamle skind til striden
for arvet tro imod den nye viden!
FALK. Jeg går til kampens højtid som til fest.
STRÅMAND. Godt! De skal se mig trodse kugleregnen! –
(nærmere.)
Et viet par er helligt, som en prest –
STYVER *(på Falks anden side).* Og et forlovet –
FALK. Halvt om halvt, som degnen.
STRÅMAND. Se disse børn; – De ser den – denne klynge?
Den kan på forhånd mig Viktoria synge!
Hvor var det muligt at – hvor var det gørligt – –;
nej, sandheds ord er mægtigt, ubønhørligt; –
at stoppe øret til, kan kun en tåbe.
Se, – disse børn er elskovsbørn tilhobe – – –!
(standser forvirret.)

Ja det vil sige – nej, naturligvis –!
FRØKEN SKÆRE *(vifter sig med lommetørklædet).* Det er en meget
uforståelig tale.
FALK. Se der leverer De jo selv bevis;
et af de ægte, gode, nationale.
De skelner mellem ægteskabets panter,
og elskovs ditto; – deri gør De klogt;
der forskel er, som mellem råt og kogt,
som mellem markens blomst og potteplanter.
Hos os er kærligheden snart en videnskab;
forlængst den hørte op at være lidenskab.
Hos os er kærligheden som et fag;
den har sit faste laug, sit eget flag;
den er en stand af kærester og ægtemænd, –
de passer tjenesten og kan nok magte den;
thi der er samhold, som i havets tangforgrening.
Alt, hvad etaten mangler, er en sangforening –
GULDSTAD. Og en avis!
FALK. Godt! I skal få avisen!
Det var en god ide; vi har jo blade
for børn og damer, troende og skytter.
Jeg håber ingen spørger efter prisen.
Der skal I få at se, som på parade,
hvert bånd, som Per og Povl i byen knytter;
der rykkes ind hvert rosenfarvet brev,
som Vilhelm til sin ømme Laura skrev;
der trykkes blandt ulykkelige hændelser, –
som ellers mord og krinolinforbrændelser, –
hvert opslag, som fandt sted i ugens løb;
der averteres under salg og køb
hvor brugte ringe billigst kan bekommes;
der annonceres tvillingen og trillingen, –
og er der vielse, så sammentrommes
det hele laug at se på forestillingen; –
og vanker der en kurv, så prentes den

i bladet mellem andre nyhedsstoffer;
det lyde skal omtrent som så: «Igen
har elskovsdjævlen krævet her et offer!»
Jo, I skal se, det går; thi når det lider
imod den tid, da abonnenten bider,
da bruger jeg en madding, som ej dræber den; –
da slagter jeg, på storbladsvis, en pebersvend.
Jo, I skal se mig kækt til laugets nytte stridende;
som tiger, ja, som redaktør mit bytte bidende –
GULDSTAD. Og bladets titel?
FALK. «Amors norske skyttetidende»!
STYVER *(nærmer sig)*. Det er dog ej dit alvor vel? Du vil
ej sætte slig dit gode navn på spil!
FALK. Mit ramme alvor. Tidtnok påstod man,
at ingen kan af kærligheden leve;
jeg vise skal, den påstand er ej sand;
thi jeg skal leve af den som en greve,
især hvis frøken Skære, som jeg håber,
levere vil herr Stråmands «livsroman»
til skænkning ud, som feuilleton, i dråber.
STRÅMAND *(forskrækket)*. Gud stå mig bi! Hvad er nu det for plan?
Mit livs roman? Når var mit liv romantisk?
FRØKEN SKÆRE. Det har jeg aldrig sagt!
STYVER. En misforståelse!
STRÅMAND. Jeg skulde gjort mig skyldig i forgåelse
mod skik og brug! Der lyver De gigantisk!
FALK. Nu godt.
(slår Styver på skulderen.)
Her står en ven, som ej vil svigte.
Jeg åbner bladet med kopistens digte.
STYVER *(efter et forfærdet blik på presten)*. Men er du gal! Nej, må
jeg be' om ordet! –
Du tør beskylde mig for vers – –
FRØKEN SKÆRE. Nej Gud –!
FALK. Det rygte går dog ud ifra kontoret.

STYVER *(i høj vrede)*. Fra vort kontor går aldrig noget ud!
FALK. Ja, svigt mig også *du*; jeg har endda
    en trofast bror, som ikke falder fra.
    «Et hjertes saga» venter jeg fra Lind,
    hvis elskov er for fin for havets vind,
    som offrer landsmænds sjæle for sin kærlighed, –
    sligt viser følelsen i al dens herlighed!
FRU HALM. Herr Falk, nu er mit tålmods rest tilende.
    Vi kan ej leve under samme tag; –
    jeg håber, at De flytter end idag –
FALK *(med et buk, idet fruen og selskabet går ind)*. Det var jeg
    forberedt på vilde hænde.
STRÅMAND. Imellem os er krig på død og liv;
    De har fornærmet mig med samt min viv,
    ja mine børn, fra Trine ned til Ane; – –
    gal kun, herr Falk, – gal, som ideens hane –
    (går ind med kone og børn.)
FALK. Og skrid De fremad på apostlens bane
    med Deres kærlighed, som De har mægtet
    at få, før tredje hanegal, fornægtet!
FRØKEN SKÆRE *(får ondt)*. Følg med mig, Styver! hjælp mig at få
    hægtet
    korsettet op; – kom, skynd dig, – denne vej.
STYVER *(til Falk, idet han går med frøken Skære under armen)*. Jeg
    siger op vort venskab!
LIND. Også jeg.
FALK *(alvorlig)*. Du også, Lind!
LIND. Farvel!
FALK. Du var min næreste – –
LIND. Det hjælper ej; hun ønsker det, min kæreste.
    (han går ind; Svanhild er bleven stående ved altantrappen.)
FALK. Se så; nu har jeg plads på alle kanter, –
    nu har jeg ryddet om mig!
SVANHILD. Falk, et ord!
FALK *(viser høfligt mod huset)*. Den vej, min frøken; – *der* gik Deres

moer
med alle venner og med alle tanter.
SVANHILD *(nærmer sig)*. Ja, lad dem gå; min vej er ikke deres;
ved mig skal ikke flokkens tal forfleres.
FALK. De går ej?
SVANHILD. Nej. Vil De mod løgnen stride,
jeg står, som væbner, tro ved Deres side.
FALK. De, Svanhild; De, som –
SVANHILD. Jeg, som end igår –?
O, var De selv da, Falk, igår den samme?
De bød mig, som en lykke, siljens kår –
FALK. Og siljen fløjted, fløjted mig tilskamme!
Nej De har ret; *da* var det børneværk;
men De har vakt mig til et bedre virke; –
midt indi stimlen står den store kirke,
hvor sandheds røst skal runge ren og stærk.
Det gælder ej at skue, som Asynjen,
fra *højden* over al den vilde dyst; –
nej, bære skønhedsmærket i sit bryst,
som Hellig-Olaf bar sit kors på brynjen, –
at se med langsyn over slagets vidder,
skønt hildet han i kampens virvar sidder, –
et skimt af sol bag tågen at bevare,
det er det livsenskrav, en mand skal klare!
SVANHILD. Og De vil klare det, når De står fri,
og står alene.
FALK. Stod jeg *da* i stimlen?
Og *det* er kravet. Nej, den er forbi,
hin isolerthedspagt med mig og himlen.
Endt er min digtning indfor stuevæg;
mit digt skal *leves* under gran og hæg,
min krig skal føres midt i døgnets rige; –
jeg eller løgnen – en af os skal vige!
SVANHILD. Så gå da signet frem fra digt til dåd!
Jeg har Dem miskendt; De har hjertevarme;

tilgiv, – og lad os skilles uden harme –
FALK. Nej, den har plads for to, min fremtids båd!
Vi skilles ikke. Svanhild, har De mod,
så følges vi i kampen fod for fod!
SVANHILD. Vi følges?
FALK. Se, jeg står forladt af alle,
har ingen ven, har krig med hver bekendt,
mod mig er hadets hvasse spydsod vendt; –
sig, har De mod, med mig at stå og falde?
min fremtidsvej går gennem skik og brug,
hvor tusind hensyns lænker foden tvinger; –
der breder jeg, som alle andre, dug,
og sætter ringen på min elsktes finger!
(drager en ring af sin hånd, og holder den ivejret.)
SVANHILD *(i åndeløs spænding)*. Det vil De?
FALK. Ja, og vi skal vise verden,
at kærligheden har en evig magt,
som bær den uskadt og i al sin pragt
igennem døgnets dynd på hverdagsfærden.
Igår jeg pegte mod ideens bål,
der brandt, som baun på bergets bratte tinde; –
da blev De ræd, De skalv, thi De var kvinde;
nu peger jeg mod kvindens sande mål!
En sjæl, som Deres, holder hvad den lover;
se sluget for Dem, – Svanhild, sæt nu over!
SVANHILD *(neppe hørligt)*. Og hvis vi faldt –!
FALK *(jublende)*. O nej, jeg ser et skær
i Deres øje, som vor sejr forkynder!
SVANHILD. Så tag mig hel og holden, som jeg er!
Nu springer løvet ud; min vår begynder!
(hun kaster sig med kækhed i hans arme, idet teppet falder.)

TREDJE AKT

(Aften og klart måneskin. Rundt om på træerne brænder farvede lamper. I baggrunden borde med opdækning af vinflasker, glasse, kager o. s. v. Inde fra huset, hvor alle vinduer er oplyste, høres dæmpet pianofortespil og sang under de følgende optrin. Svanhild står ved altanen. Falk kommer fra højre med nogle bøger og en skrivemappe under armen. Oppasseren følger efter med en kuffert og en vadsæk.)

FALK. Det er jo resten?
OPPASSEREN. Ja, nu tror jeg neppe
    det fattes andet, end en liden skræppe
    og sommerfrakken.
FALK. Godt; det tar jeg med
    på ryggen, når jeg går. Kom så afsted; –
    se her er mappen.
OPPASSEREN. Der er lås for, ser jeg.
FALK. Ja, der er lås for, Sivert.
OPPASSEREN. Godt.
FALK. Den ber jeg,
    du straks vil brænde.
OPPASSEREN. Brænde?
FALK. Ja, til kul –
    (smilende.)
    med alle veksler på poetisk guld.
    Og bøgerne, – dem kan du selv beholde.
OPPASSEREN. Å nej da; skal jeg slig bekostning volde?
    Men når herr Falk kan bøger bortforære,
    så er han færdig da med al sin lære?
FALK. Alt, hvad af bøger læres, har jeg lært –
    og endda mere.
OPPASSEREN. Mere? Det var svært.
FALK. Ja, skynd dig; bærerne står udfor døren; –
    nu får du hjælpe dem at læsse børen.
    (Oppasseren går ud til venstre.)
FALK *(nærmer sig Svanhild, som kommer ham imøde)*. Vi har en

time, Svanhild, for os selv,
i lys af Gud og sommernattens stjerner.
Se, hvor de glittrer gennem løvets hvælv,
lig frugt på gren, de verdenstræets kerner.
Nu har jeg brudt det sidste trældomsbånd,
nu har for sidste gang mig svøben rammet;
som Jacobs æt, med vandringsstav i hånd
og rejseklædt, jeg står for påskelammet.
Du sløve slægt, hvis syn er stængt og lukt
for løftets land bag ørkensandets flugt,
du travle ridderslagne træl af tiden,
mur du kun kongegrav i pyramiden, –
jeg går til frihed gennem døgnets ørk,
for mig er fremkomst selv i havets fjære;
men fiendens fylking, løgnens fule lære,
skal finde *der* sin gravtomt, dyb og mørk!
(kort ophold; han ser på hende og tar hendes hånd.)
Du er så stille, Svanhild!
SVANHILD. Og så glad!
O, lad mig drømme, lad mig stille drømme.
Tal du for mig; frem går da, som på rad,
min tankes knopper, sprungne ud til kvad,
lig modne liljer over tjernets strømme.
FALK. Nej, sig det engang til med sandheds rene
usvigelige røst, at du er min!
O, sig det, Svanhild, sig –
SVANHILD *(kaster sig om hans hals)*. Ja, jeg er din!
FALK. Du sangfugl, sendt af Gud til mig alene!
SVANHILD. Jeg var en hjemløs i min moders hus,
jeg var en ensom i mit eget indre,
en ubedt gæst i glædens glans og sus, –
gjaldt *intet* der – ja stundom endnu *mindre*.
Se da kom du! For første gang på jord
jeg fandt min tanke bag en andens ord;
hvad spredt jeg drømte, vidste du at samle!

du ungdomskække mellem livets gamle!
Halvt stødte du mig bort med hvas forstand,
halvt vidste du med solblink mig at drage,
som havet drages af en løvklædt strand,
og skæret skyver sjøerne tilbage.
Nu har jeg set til bunden af din sjæl,
nu *har* du mig udelelig og hel;
du løvtræ over bølgeleg, du kære,
mit hjertes flugt har flod, men aldrig fjære!
FALK. Og takket være Gud, at han har døbt
min kærlighed i smertens bad. Jeg vidste
knapt selv hvad trang mig drog, før dyrekøbt
jeg så i dig den skat, jeg skulde miste.
Ja priset han, som i min livsensbog
med sorgens indsegl har min elskov adlet,
som gav os fribrev på vort sejerstog,
og bød os jage hjemad gennem skog,
som adelspar, på vingehesten sadlet!
SVANHILD *(peger mod huset).* Derinde er der fest i alle sale,
der lyser lamper for de unge to,
der lyder glade venners sang og tale.
Fra alfarvejen skulde hvermand tro,
at *der* er lykken – blandt de glade røster.
(medlidende.)
Du verdens lykkebarn, – du stakkels søster!
FALK. Du siger stakkels?
SVANHILD. Har hun ikke delt
sit sjæleguld med *ham* og alle frender,
sat ud sin kapital på hundred hænder,
så ingen skylder hende summen helt?
Hos ingen af dem har hun *alt* at kræve,
for ingen af dem har hun *helt* at leve.
O, jeg er tifold rigere end hun;
jeg har en eneste i verden kun.
Tomt var mit hjerte, da med sejersfaner,

med tusindfoldig sang du drog derind;
du råder *der* på alle tankens baner;
lig vårens vellugt fylder du mit sind.
Ja, jeg må takke Gud i denne time,
at jeg var ensom indtil dig jeg fandt, –
at jeg var død og hørte klokken kime,
som kaldte mig til lys fra livets tant.
FALK. Ja vi, de venneløse to i verden,
vi er de rige; vi har lykkens skat,
vi, som står udenfor og ser på færden
igennem ruden i den stille nat;
lad lamper lyse og lad toner klinge,
lad dem derinde sig i dansen svinge; –
se opad, Svanhild, – opad i det blå; –
der lyser også tusind lamper små –
SVANHILD. Lyt, stilt, du elskte, – i den svale kveld
går gennem lindens løv et tonevæld –
FALK. Det er for os de tindrer højt i salen –
SVANHILD. Det er for os det synger gennem dalen!
FALK. Jeg føler mig som Guds forlorne barn;
jeg svigted ham og gik i verdens garn.
Da vinked han mig hjem med milde hænder;
og nu, jeg kommer, nu han lampen tænder,
bereder højtid for den fundne søn,
og skænker mig sit bedste værk i løn.
Fra denne stund jeg sværger, ej at svigte, –
men stå som væbnet vagt i lysets lejr.
Vi holder sammen, og vort liv skal digte
en højsang stærk om kærlighedens sejr!
SVANHILD. Og se, hvor let det er for to at vinde,
når *han* er mand –
FALK. Og *hun* er heltud *kvinde*; –
det var ugørligt at to slige faldt!
SVANHILD. Så op til kamp mod savnet og mod sorgen;
(viser Falks ring, som hun bær på fingeren.)

i denne stund fortæller jeg dem alt!
FALK *(hurtigt).* Nej, Svanhild, ikke nu; vent til imorgen!
Ikveld vi plukker lykkens roser røde;
at gå til dagværk nu, var helligbrøde.
(Døren til havestuen åbnes.)
Din moder kommer! Skjul dig! Som min brud
skal intet øje dig iaften møde!
(de går ud mellem træerne ved lysthuset. Fru Halm og Guldstad kommer ud på altanen.)
FRU HALM. Han flytter virkelig!
GULDSTAD. Det ser så ud.
STYVER *(kommer).* Han flytter, frue!
FRU HALM. Ja, du gode Gud, –
vi véd det nok!
STYVER. Det er en slem omstændighed.
Han holder ord; jeg kender hans ubændighed.
Han sætter os i bladet allesammen;
min kæreste blir trykt i flere oplag,
imellem kurve, tvillinger og opslag.
Hør, véd De hvad: hvis ej det var for skammen,
jeg foreslog forlig, en våbenstilstand –
FRU HALM. Det tror De han går ind på?
STYVER. Ja, jeg tror.
Der er indicier, der er visse spor,
som viser, at da nys det store ord
han førte, var han i beskænket tilstand.
Ja, der er et prov, som, om just ikke fældende,
dog taler meget stærkt imod angældende;
det er ham overført, at efter bordet
han indfandt sig i Linds og egen bolig,
og viste *der* en adfærd højst urolig,
slog sønder – –
GULDSTAD *(ser et glimt af Falk og Svanhild, som skilles, idet Falk går op mod baggrunden; Svanhild blir stående skjult ved lysthuset.)*
Stop, vi er på rette sporet!

Et øjeblik, fru Halm! Falk flytter *ikke*,
og gør han det, da gør han det som ven.
STYVER. Så? Tror De også –?
FRU HALM. Å, hvor vil De hen!
GULDSTAD. Ej længer, frue, end det kan sig skikke;
jeg klarer sagen til gensidigt held.
Blot et minut på tomandshånd –
FRU HALM. Nu vel!
*(de går sammen ud i haven; under det følgende ser man dem fra
og til i baggrunden i ivrig samtale.)*
STYVER *(stiger ned i haven, idet han opdager Falk, som står og ser
ud over vandet).* De herrer digtere er hævns- og hads-mænd;
men vi regeringsfolk er fine statsmænd;
jeg vil arbejde for mig selv –
(ser presten, som kommer fra havestuen.)
Se så!
STRÅMAND *(på altanen).* Han flytter virkelig!
(går ned til Styver.)
Å, kære, – gå,
gå ind et lidet øjeblik i stuen
og hold min kone –
STYVER. Skal jeg holde fruen!
STRÅMAND. Med selskab, mener jeg. Vi og de små,
vi er så vante til at være sammen,
og aldrig –
(idet fruen og børnene viser sig i døren.)
Nå, der er de alt på trammen!
FRU STRÅMAND. Hvor er du, Stråmand?
STRÅMAND *(sagte til Styver).* Find på et par ord, som
kan fængsle dem, – en ting, som er lidt morsom!
STYVER *(går op på altanen).* Har fruen læst departementets
bønskrift?
Det er et mønster på stilistisk skønskrift; –
(tar en bog op af lommen.)
nu skal jeg in extenso referere –

(nøder dem høfligt ind i stuen, og går selv med. Falk kommer frem i haven; han og Stråmand mødes; de ser en stund på hinanden.)
STRÅMAND. Nu?
FALK. Nu?
STRÅMAND. Herr Falk!
FALK. Herr pastor!
STRÅMAND. Er De mere
medgørlig nu, end da vi skiltes?
FALK. Nej,
jeg går min ufravigelige vej –
STRÅMAND. Selv om De træder næstens lykke ned?
FALK. Jeg planter sandheds urt i lykkens sted.
(smilende.)
Forresten tænker De nok på avisen
for elskende?
STRÅMAND. Nå, var det kanske spøg?
FALK. Ja, trøst Dem med, det værk går op i røg;
i gerning, ej på prent, jeg bryder isen.
STRÅMAND. Og om De sparer mig, så véd jeg visst en
person, som ikke slipper mig så let;
han nytter overtaget, han, kopisten, –
og det er *Deres* skyld, og det er slet,
De rørte op i gamle sværmerier,
og De kan bande på, han ikke tier
med dem, ifald jeg mukker blot et ord
mod kravet, som de skråler på i kor.
Regeringsfolket har en svare magt
i pressen nuomstunder, er mig sagt.
En styverfængeropsats kan mig fælde,
hvis den blir prentet i det store blad,
som slår med Samsons håndgevær og vælde,
og går ivej med både hov og vad,
besynderlig mod slutten af kvartalerne –
FALK *(indrømmende).* Ja – hørte Deres saga til skandalerne – –

STRÅMAND *(forsagt).* Alligevel. Det blad har mange spalter;
pas på: *der* offres jeg på hævnens alter.
FALK *(med lune).* På *straffens,* mener De, – og vel fortjent.
Der går en Nemesis igennem livet;
den rammer sikkert, skønt den rammer sent, –
at rømme væk fra den, er ingen givet.
Har en forsyndet sig imod ideen,
så kommer pressen, dens årvågne vagt,
og man får finde sig i efterveen.
STRÅMAND. Men Herregud, når slutted jeg kontrakt
med den «ide», som føres her i munden!
Jeg er jo ægtemand, familjefar, –
husk på, at tolv umyndige jeg har; –
jeg er jo af min dagliggerning bunden,
jeg har annexer og en vidtstrakt gård,
en talrig stamhjord, åndelige får, –
se, de skal plejes, klippes, røgtes, fores;
der tærskes skal og i komposten klores;
man spør om mig i stalden og i kveen; –
når får *jeg* tid at leve for *ideen?*
FALK. Ja, så rejs hjem igen jo før jo heller;
kryb ind, før vinter, under tørvetaget.
Se, i det unge Norge er det daget;
den kække fylking tusind stridsmænd tæller,
og morgenvindens strømning fylder flaget.
STRÅMAND. Og, unge mand, ifald jeg rejste hjem
med alle mine, ja med alle dem,
som var igår mit lille kongerige, –
har ikke mangt idag da vendt sig om?
Tror De jeg rejser rig, som da jeg kom –
(da Falk vil svare.)
Nej vent, og hør på, hvad jeg har at sige.
(træder nærmere.)
Der var en tid, da jeg var ung, som De,
og ikke mindre kæk og uforfærdet,

Jeg sled for brød og der gik år forbi;
se, sligt gør ånden ej, som hånden, hærdet.
Jeg kom dernord; mit hjem lå stilt bag fjeldet,
og verdens ring for mig blev prestegeldet. –
Mit hjem – herr Falk! Ja, véd De hvad et hjem er?
FALK *(kort)*. Det har jeg aldrig vidst.
STRÅMAND. Det vil jeg tro.
Et hjem er *der*, hvor dejligt rum for fem er,
skønt der blandt fiender tykkes trangt for to.
Et hjem er *der*, hvor alle dine tanker
kan lege frit, som børn på faders fang,
hvor ej din røst på hjertedøren banker,
før svaret lyder i beslægtet sang.
Et hjem er *der*, hvor dine hår kan gråne,
og ingen mærker, at du ældes dog,
hvor kære minder dæmrer for at blåne,
som åsens rygning blåner bagom skog.
FALK *(med tvungen spot)*. De blir jo varm –
STRÅMAND. Ved det, som De kun ler af!
Så uligt har Vorherre os to skabt.
Mig fattes det, som De fik desto mer af;
men jeg har vundet der, hvor De har tabt.
Fra skyen skimtet, ser ud som en skrøne
mangt sandhedskorn ved landevejens kant;
De vil tilvejrs, jeg knapt til tagets møne, –
én fugl blev skabt til ørn –
FALK. Og én til høne.
STRÅMAND. Ja, le De kun, og lad det være sandt.
Jeg er en høne; – godt; men under vingen
jeg har en kyllingflok, og De har ingen!
Og jeg har hønens mod og hjerterum,
og jeg slår fra mig, når det mine gælder.
Jeg véd jo nok, De mener jeg er dum,
ja muligt, at en værre dom De fælder,
og holder mig for gridsk på verdens gods; –

godt, ingen strid om sligt imellem os!
(griber Falks arm og tilføjer dæmpet, men med stigende styrke.)
Ja, jeg er gridsk og dum og sløv tillige;
men jeg er gridsk for *dem*, som Gud mig gav,
og jeg fordummedes i trængselskrige,
og jeg blev sløv på ensomhedens hav.
Dog, alt som ungdomssnekken, sejl for sejl,
gik under bag den endeløse dønning,
da stak en anden op på havets spejl,
og bar for landvind ind med livets lønning.
For hver en drøm, som gik i strævet under,
for hver en svingfjær, som på flugten knak,
jeg fik til skænk et lidet Guds vidunder,
og Herrens skænk jeg tog med pris og tak.
For *dem* jeg stred, for *dem* jeg bar i dynge,
for *dem* jeg tyded selv den hellige skrift; –
det var min blomstergård, min børneklynge; –
nu har De plettet dem med spottens gift!
De har bevist, æsthetisk og forfatterligt,
at al min lykke var en dåres tro,
at det, jeg tog for alvor, det var latterligt; –
nu kræver jeg, giv mig igen min ro,
men giv mig den foruden bræk og mén –
FALK. De kræver, *jeg* skal lykkens hjemmel drøfte? –
STRÅMAND. Ja, De har kastet på min vej en sten,
en tvivlens sten, som ikkun De kan løfte.
Tag væk det stængsel mellem mig og mine,
som De har bygt, tag grimen af min hals –
FALK. De tror, at jeg har løgnens lim tilfals,
for lykkens sprukne kar med det at kline?
STRÅMAND. Jeg tror, at troen, som De rev omkuld
med ord, den kan med ord igen De rejse;
jeg tror De kan den brukne lænke svejse; – –
døm om igen, – tal sandhed hel og fuld,
bevis pånyt, – så jeg kan flaget hejse –

FALK *(stolt).* Jeg stempler lykkens messing ej som guld.
STRÅMAND *(ser fast på ham).* Så kom ihug, her nys blev sagt et ord
af en, som vejrer sandhedsharens spor:
(med opløftet finger.)
Der går en Nemesis igennem livet;
at rømme væk fra den, er ingen givet!
(han går mod huset.)
STYVER *(kommer ud med briller på og med den åbne bog i
hånden).* Herr pastor, De må være som en vind!
De unge græder –
BØRNENE *(i døren).* Far!
STYVER. Og fruen venter!
(Stråmand går ind i huset.)
STYVER. Den dame har ej sands for argumenter.
(putter bogen og brillerne i lommen og kommer nærmere.)
Falk!
FALK. Ja!
STYVER. Jeg håber du har skiftet sind.
FALK. Og hvorfor?
STYVER. Å, det er da let forklarligt;
du indser sagtens, det er uforsvarligt
at gøre brug af konfidentielle
meddelelser; – dem må man ej fortælle.
FALK. Nej, jeg har hørt, at *det* skal være farligt.
STYVER. Ja død og pine!
FALK. Ja, men blot for storfolk.
STYVER *(ivrig).* Det farligt er for alle slags kontorfolk.
Du kan vel tænke dig, hvor det formindsker
hver udsigt for mig, dersom chefen tror,
jeg har en pegasus som går og vrinsker
i arbejdstiden i et *sligt* kontor.
Du véd, fra «revisjonen» og til «kirken»
man ynder ikke vingehestens virken.
Men værst det blir, ifald det kommer ud,
at jeg har brudt kontorets første bud,

og åbenbaret skjulte ting af vigtighed.
FALK. Så den er strafbar, slig en uforsigtighed?
STYVER *(hemmelighedsfuldt)*. Den tvinge kan en offentlig person
til at begære straks sin demission.
Det er et lovbud for os, statens mandfolk,
at gå med lås for munden selv blandt grandfolk.
FALK. Men det er jo tyrannisk af en hersker
at binde mund på den – kopist, som tærsker.
STYVER *(trækker på skuldrene)*. Det er legalt; må lydes uden knur.
Desuden, i et tidspunkt, som nærværende,
da gagerevisjonen står for tur,
det er ej klogt at yttre sig belærende
om arbejdstidens brug og dens natur.
Se, derfor er det, at jeg ber dig: ti dog; –
et ord kan skille mig ved –
FALK. Porteføljen?
STYVER. Officielt benævnes det «kopibog».
Den protokol er egentlig som søljen,
der lukker linet for kontorets barm;
at gætte gåder der, forvolder harm.
FALK. Og dog det var dig selv, som bad mig tale,
og kaste ud et vink om pultens skat.
STYVER. Ja, vidste *jeg*, at presten kunde dale
så dybt i dynd, han, som har lykken fat,
som er i embed, som har kone, børn,
og penge til at trodse livets tørn?
Men kan *han* falde ned til slig filister,
hvad skal man sige da om os *kopister*,
om *mig*, som er i uforfremmet stand
og har en kæreste, og snart skal giftes,
og passe på, at der familje stiftes,
etcetera!
(heftigere.)
O, var jeg velstandsmand,
jeg skulde spænde pandseret om hærden

og slå i bordet til den hele verden.
Og var jeg enligt mandfolk, jeg, som du,
da kan du tro, at gennem prosa-sneen
jeg skulde bryde bane for ideen!
FALK. Så berg dig, mand!
STYVER. Hvad?
FALK. Der er tid endnu!
Agt ikke verdens uglekloge dommerfugl:
husk, frihed gør en kålorm selv til sommerfugl!
STYVER *(træder tilbage)*. Du mener, at jeg skulde bryde –?
FALK. Ja; –
er perlen væk, hvad gælder skallet da?
STYVER. Sligt forslag kunde stilles til en rus,
ej til en mand med karakter i jus!
Jeg regner ej, hvad Kristian den femte
i sin tid om trolovelser bestemte, –
thi det slags forhold findes ej berørt i
«lov om forbrydelser» af to-og-fyrti;
for så vidt var ej sagen kriminel,
det var jo intet brud på det legale –
FALK. Der kan du se!
STYVER *(fast)*. Ja, men alligevel, –
om slig en exception blir aldrig tale.
I trange tider holdt vi trofast sammen;
hun fordrer ikke stort af livets gammen,
og *jeg* er nøjsom, har alt længe sporet,
at jeg blev skabt for hjemmet og kontoret.
Lad andre følge svaneflokkens flugt;
liv i det små kan også være smukt.
Hvad siger ej etsteds geheimeråd Göthe
om mælkevejen, skinnende og hvid?
Af den kan ingen skumme lykkens fløde,
og endnu mindre hente smørret hid –
FALK. Nå, var end målet lykkesmørrets kærning,
må ånden råde dog i al din slid; –

en mand skal være borger af sin tid,
men adle tidens borgerlige gerning.
Ja visstnok er der skønhed i det små;
men kunsten er at *skue og forstå.*
Ej hver, som ynder at håndtere sølen,
må *derfor* tro sig ligemand med «Dølen».
STYVER. Så lad os gå med fred vor jævne vej;
vi stænger ikke stierne for dig,
vi følger gaden, du i højden svæver.
Hm, *der* foer også hun og jeg engang;
mens dagens krav er arbejd, ikke sang, –
den dør man fra, alt eftersom man lever.
Se, ungdomslivet er en stor proces
og den unødigste af alle trætter; –
gå på akkord, og tænk ej på regres;
thi sagen taber du for alle retter.
FALK *(kæk og trøstig, idet han kaster et øje på lysthuset).* Nej, er den
end for sidste domstol kommen, –
jeg véd, der er benådning bagom dommen!
Jeg véd, et liv kan *leves* ud af to,
med frelst begejstring og med reddet tro;
men *du* forkynder tidens usle lære:
at idealet er det sekundære!
STYVER. Nej, det *primære*; thi dets hverv er ude,
som blomstens hverv – når frugten sætter knude.
*(Inde ved pianoet spiller og synger frøken Skære: «Ach, du lieber
Augustin». Styver standser og lytter i stille bevægelse.)*
Hun kalder på mig med den samme sang,
som talte, da vi mødtes første gang.
(lægger hånden på Falks arm og ser ham ind i øjet.)
Så tidt hun *den* til liv i længsel henter,
går ud ifra min kærestes tangenter
bekræftet genpart af det første ja.
Og når vor kærlighed tilslut har endskab,
og afdør, til opstandelse som venskab,

skal sangen binde mellem *før* og *da.*
Og krøges end min ryg iflugt med pulten,
og blir mit dagværk kun en krig mod sulten,
så går jeg glad dog vejen til mit hjem,
hvor det forsvundne står i toner frem.
Er *der* en stakket kveldstund helt vor egen, –
da er jeg sluppen skadesløs fra legen!
(han går ind i huset. Falk vender sig mod lysthuset. Svanhild kommer frem; hun er bleg og oprørt. De ser en stund i taushed på hinanden og kaster sig med heftighed i hinandens arme.)
FALK. O, Svanhild, lad os holde trofast ud!
Du friske friluftsblomst på kirkegården, –
der ser du, hvad de kalder liv i våren!
Der lugter lig af brudgom og af brud;
der lugter lig, hvor to går dig forbi
på gadehjørnet, smilende med læben,
med løgnens klumre kalkgrav indeni,
med dødens slaphed over hver en stræben.
Sligt kalder de at *leve!* Himlens magter,
er slig en lod da værd de tusind fagter?
At drætte børnehjorder op til sligt,
at fede dem med retsind og med pligt,
at gøde dem med tro en stakket sommer, –
til brug, når sjæleslagtningstiden kommer!
SVANHILD. Falk, lad os rejse!
FALK. Rejse? Og hvorhen?
Er ikke verden overalt den samme,
og findes ej på hvermands væg igen
den samme løgn i sandheds glas og ramme?
Nej, *vil vi* blive, nydende spektaklet,
tragikomedien, harlekinsmiraklet, –
et folk, som *tror* – hvad hele folket *lyver!*
Se presten og hans kone, Lind og Styver,
som kærlighedens julebukke taklet,
med løgn i hjertet og med tro i munden, –

og endda respektable folk i grunden!
De lyver for sig selv og for hverandre;
men løgnens indhold, det tør ingen klandre; –
hver regner sig, skønt havsnødsmand på kølen,
for lykkens Krøsus, salig som en gud;
selv drev de sig af paradiset ud,
og bums til ørerne i svovelpølen;
men ingen af dem skønner, hvor han sidder,
og hvermand tror sig paradisets ridder,
og hvermand smiler under ak og uf;
og kommer Belzebub med brøl og gluf,
med horn og bukkeben og noget værre, –
da muntrer man sin nabo med et puf:
tag hatten af dig; se, der går Vorherre!
SVANHILD *(efter en kort tankefuld stilhed).* Hvor underfuld en kærlig
hånd har pegt
på vejen for mig til vort vårdagsstævne.
Det liv, jeg har i spredte drømme legt,
skal jeg fra denne stund mit dagværk nævne.
O, gode Gud! Hvor famled jeg iblinde; –
da bød du lys, – da lod du *ham* mig finde!
(ser på Falk med stille, kærlig forundring.)
Hvad kraft er dog i dig, du stærke træ,
som står i vindfaldsskogen rank og frodig,
som står alene, og som dog har læ
for mig –?
FALK. Guds sandhed, Svanhild; – den gør modig.
SVANHILD *(ser mod huset med et udtryk af skyhed).* De kom som
onde fristere, de to,
hver talsmand for sin halve del af slægten.
En spurgte: hvor kan ungdomselskov gro,
når sjælen luder under velstandsvægten?
Den anden spurgte: hvor har elskov liv,
når kravet er en evig armodskiv?
Forfærdeligt – at præke denne lære

som sandheds ord, og endda livet bære!
FALK. Og hvis det nu gjaldt os?
SVANHILD. Gjaldt os? – Hvad da?
Kan ydre vilkår gøre til og fra?
Jeg har alt sagt dig det; hvis du vil stride,
da vil jeg stå og falde ved din side.
O, intet er så let som biblens bud,
at lægge hjemmet bag sig, juble, lide,
og følge den, man elsker, frem til Gud.
FALK *(favner hende).* Så kom da, vintervejr, med vold og vælde!
Vi *står* i stormen; os kan ingen fælde!
(Fru Halm og Guldstad kommer ind fra højre i baggrunden. Falk og Svanhild blir stående ved lysthuset.)
GULDSTAD *(dæmpet).* Se, frue!
FRU HALM *(overrasket).* Sammen!
GULDSTAD. Tvivler De endnu?
FRU HALM. Det var mærkværdigt!
GULDSTAD. Å, jeg har nok mærket,
at han så stilt har ruget over værket.
FRU HALM *(hen for sig).* Hvem skulde tænkt, at Svanhild var så slu?
(livligt til Guldstad.)
Men, nej, jeg kan ej tro –
GULDSTAD. Vel; det skal prøves.
FRU HALM. Nu straks på stedet?
GULDSTAD. Ja, og eftertrykkeligt.
FRU HALM *(rækker ham hånden).* Gud være med Dem!
GULDSTAD *(alvorlig).* Tak, det kan behøves.
(kommer nedover.)
FRU HALM *(ser sig tilbage, idet hun går).* Hvad udfald sagen får, blir barnet lykkeligt.
(går ind i huset.)
GULDSTAD *(nærmer sig til Falk).* Det er vel knapt med tiden?
FALK. Et kvarter,
så går jeg.
GULDSTAD. Der behøves ikke mer.

SVANHILD *(vil fjerne sig)*. Farvel!
GULDSTAD. Nej bi!
SVANHILD. Skal jeg?
GULDSTAD. Til De har svaret.
  Imellem os må alting være klaret; –
  vi tre får tale ud af hjertet sammen.
FALK *(overrasket)*. Vi tre?
GULDSTAD. Ja, Falk, – nu må vi kaste hammen.
FALK *(undertrykker et smil)*. Til tjeneste.
GULDSTAD. Så hør. Det er omtrent
  et halvt års tid vi har hinanden kendt;
  vi kævled –
FALK. Ja.
GULDSTAD. Fast aldrig var vi enige;
  vi gav hinanden tidt det glatte lag;
  De stod som høvding for en stortænkt sag,
  jeg var kun en af døgnbedriftens menige.
  Og endda var det som en streng, der bandt
  imellem os, som tusind glemte sager
  ifra min egen ungdoms tankelager,
  De støved op og frem for dagen fandt.
  Ja ja, De ser på mig; men gråsprængt hår
  har også flommet frit og brunt en vår,
  og panden, som ens dagliggerning dynker
  med trældomssved, bar ikke altid rynker.
  Dog nok om det! jeg er forretningsmand –
FALK *(let spottende)*. De er den sunde praktiske forstand.
GULDSTAD. Og De er håbets unge glade sanger.
  (træder mellem dem.)
  Se derfor, Falk og Svanhild, står jeg her.
  Nu må vi tale; thi den stund er nær,
  som bær i skjoldet lykke eller anger.
FALK *(spændt)*. Så tal!
GULDSTAD *(smilende)*. Jeg sagde Dem igår, jeg grunded
  på et slags digtning –

FALK. På en faktisk.

GULDSTAD *(nikker langsomt).* Ja!

FALK. Og hvis man spør, hvor De tar stoffet fra –?

GULDSTAD *(ser et øjeblik på Svanhild og vender sig atter mod Falk).* Det er et fælles stof vi to har fundet.

SVANHILD. Nu må jeg gå.

GULDSTAD. Nej, bliv og hør tilende.
En anden kvinde bad jeg ej om sligt;
Dem, Svanhild, har jeg lært tilbunds at kende;
til snærperi er Deres sind for rigt.
Jeg så Dem vokse, så Dem foldes ud;
De ejed alt, hvad jeg hos kvinden skatter; –
men længe så jeg kun i Dem en datter; –
nu spør jeg – vil De være mig en brud?
(Svanhild viger sky tilbage.)

FALK *(griber ham ved armen).* Tal ikke mere!

GULDSTAD. Rolig; hun skal svare.
Spørg også De, – – så kan hun vælge frit.

FALK. Jeg – siger De?

GULDSTAD *(ser fast på ham).* Det gælder at bevare
tre liv for lykken, – ej alene mit.
Forstil Dem ej, det nytter Dem kun lidt;
thi skønt min gerning ligger i det lave,
så fik jeg endda et slags klarsyns-gave.
Ja, Falk, De elsker hende. Glad jeg så
den unge kærlighed i blomst at stå;
men denne kærlighed, den stærke, kække,
den er det, som kan hendes lykke knække.

FALK *(farer op).* Det tør De sige!

GULDSTAD *(rolig).* Med erfarings ret.
Hvis nu De hende vandt –

FALK *(trodsende).* Hvad så?

GULDSTAD *(langsomt og med eftertryk).* Ja sæt
hun turde *alt* på denne grundvold bygge,
og vove *alt* på dette ene kort, –

og livets storm så fejed grunden bort,
og blomsten falmed under tidens skygge?
FALK *(forglemmer sig og udbryder)*:
Ugørligt!
GULDSTAD *(ser betydningsfuldt på ham)*. Hm, så tænkte også jeg,
da jeg var ung, som De. I gamle dage
jeg brandt for en; da delte sig vor vej.
Igår vi mødtes; – intet er tilbage.
FALK. Igår?
GULDSTAD *(smiler alvorligt)*. Igår. De kender prestefruen –
FALK. Hvad? Det var *hende*, som –
GULDSTAD. Som tændte luen.
For hende sørged jeg i mange år,
og i dem alle stod hun for mit minde,
som den hun var, hin unge fagre kvinde,
dengang vi mødtes i den friske vår.
Nu tænder I den samme dårskabsild,
nu frister I det samme vovespil, –
se, derfor er det, at jeg siger: Varlig!
Stands lidt, og tænk jer om; – jer leg er farlig!
FALK. Nej, jeg har sagt det hele thevandslag
min stærke tro, som ingen tvivl kan fælde –
GULDSTAD *(udfylder meningen)*. At kærligheden efter frit behag
kan trodse vane, nød og sorg og ælde.
Nå, lad så være; muligt er det sandt;
men se nu sagen fra en anden kant.
Hvad *elskov* er, véd ingen at forklare;
hvori den stikker, denne glade tro,
at én blev skabt til saligt liv i *to* –
se, det kan ingen mand på jord besvare.
Men *ægteskabet*, det er noget praktisk,
og ligeså *forlovelse*, min ven;
og let det lar sig eftervise faktisk,
at en er skikket just for *den* og *den*.
Men kærligheden kårer jo *iblinde*,

den vælger ej en *hustru*, men en *kvinde*;
og hvis nu denne kvinde ej er skabt
til *viv* for Dem –?
FALK *(spændt)*. Nu?
GULDSTAD *(trækker på skuldrene)*. Så er sagen tabt.
En lykkelig forlovelse betinges
ej blot af elskov, men af meget mer,
familjelemmer, som man gerne ser,
af sind, som under samme hat kan bringes.
Og ægteskabet? Ja, det er et hav
af lutter fordringer og lutter krav,
som lidet har med elskov at bestille.
Her kræves huslighed og dyder milde,
her kræves køkkensands og andet sligt,
forsagelse og agt for bud og pligt, –
og meget som i frøkenens nærværelse
ej gøres kan til genstand for belærelse.
FALK. Og derfor –?
GULDSTAD. Lyd et råd, så godt som guld.
Brug lidt erfaring; hør Dem om i livet,
hvor hvert par elskende tar munden fuld,
som hele millionen *dem* var givet.
For alteret skal de sporenstregs, de to;
de får et hjem og er i lykkens kridthus;
så går en tid i sejersrus og tro;
så kommer der en opgørsdag; – jo, jo!
Da er det hele bo et stort fallithus!
Fallit er ungdoms blomst på konens kind,
fallit er tankens flor i hendes indre;
fallit er sejrens mod i mandens sind,
fallit hver glød, som fordum sås at tindre;
fallit, fallit er hele boets masse;
og slige to gik dog i livet ind
som elskovs handelshus af første klasse!
FALK *(i stærkt udbrud)*. Det er en løgn!

GULDSTAD *(urokkelig).* For nogle timer siden
var det dog sandhed. Det var *Deres* ord,
da her *de* stod, som han i brabantstriden,
og sloges med det ganske thevandsbord.
Da lød benægtelsen fra alle kanter,
som nu fra Dem; nå ja, det fattes nemt;
vi finder alle jo, det klinger slemt
at høre døden nævne, når vi skranter.
Se presten, han, som komponerte, malte,
i frierdagene med ånd og smag; –
hvor kan De undres på, at manden dalte,
da han og hun kom under fælles tag?
Hun var jo skabt for ham til *elskerinde,* –
til *viv* for ham hun skabtes ingensinde.
Og så kopisten, som skrev gode vers?
Da fyren var i Herrens navn forlovet,
kom hele rimeriet straks påtvers,
og siden den tid har hans muse sovet
ved rokkeduren af en evig jus.
Der ser I – –
(betragter Svanhild.)
Fryser De?

SVANHILD *(sagte).* Jeg fryser ikke.

FALK *(tvinger sig ind under en spøgende tone).* Og når det aldrig
ender med et plus,
men kun med minus, – hvorfor vil De stikke
den kapital, De råder over, i
sligt lidet fordelagtigt lotteri?
Det lader næsten, som De har den tro,
at De blev særlig skabt for bankerotten?

GULDSTAD *(ser på ham, smiler og ryster på hovedet).* Min kække
unge Falk, – gem lidt på spotten. –
På *to slags* vis et par kan sætte bo.
Det grundes kan ved illusjonskreditten,
ved langsigtsveksler på en evig rus,

på permanents af aldren atten-nitten,
og på umulighed af gigt og snus; –
det grundes kan på rosenrøde kinder,
på klare øjne og på lange hår,
på tryghed for, at aldrig sligt forsvinder,
og at parykkens time aldrig slår.
Det grundes kan på stemningsfulde tanker,
på blomsterflor i ørkenstøvet tørt,
på hjerter, der, et livsløb gennem, banker,
som da det første ja blev sagt og hørt.
Hvad kaldes slig trafik? De navnet kender; –
det kaldes humbug, – humbug, kære venner!
FALK. Nu skønner jeg, De er en farlig frister, –
De, velstandsmanden, kanske millionær,
mens alt, hvad *mit* i denne verden er,
blev båret bort af to artillerister.
GULDSTAD *(skarpt)*. Hvad mener De med det?
FALK. Det ligger nær;
thi den *solide* grundvold, kan jeg tænke,
er sagtens *mønt*, – mirakelmidlet *mønt*,
som låner mangen middelaldersk enke
sankt Gertruds gyldenglorie til pynt.
GULDSTAD. Å nej, den er dog noget, som er bedre.
Den er den stille, hjertevarme strøm
af venlig agt, der kan sin genstand hædre,
så fuldt, som jublen i en ørskedrøm.
Den er en følelse af pligtens lykke,
af omsorgs velbehag, af hjemmets fred,
af viljers bøjning mod hinanden ned,
af vågen for at ingen sten skal trykke
den kårnes fod, hvor hun i livet skred.
Den er en mildhedshånd, som læger sårene,
den mandekraft, som bær med villig ryg,
den ligevægt, som rækker gennem årene,
den arm, som støtter tro og løfter tryg. –

Det er det indskud, Svanhild, *jeg* kan byde
til Deres lykkes bygning; svar mig nu.
*(Svanhild gør en stærk anstrængelse for at tale; Guldstad løfter
hånden og hindrer hende.)*
Betænk Dem vel, at ej De skal fortryde!
Vælg mellem os med klar og sindig hu.
FALK. Og hvoraf véd De –
GULDSTAD. At De elsker hende!
Det har jeg læst på Deres øjnes bund.
Sig også *hende* det i denne stund.
(trykker hans hånd.)
Nu går jeg ind. Lad legen få en ende.
Og tør De love mig med hånd og mund,
at være hende slig en ven i livet,
slig stav på vejen, slig en trøst i nød,
som jeg kan være det, –
(vender sig til Svanhild.)
Nu godt, så skriv et
udsletningsmærke over det, *jeg* bød.
Da har jeg sejret, sejret i det stille;
De vinder lykken; det var *det*, jeg vilde.
(til Falk.)
Og, det er sandt, – De talte før om mønt;
tro mig, den er lidt mer, end flitterpynt.
Jeg står alene, kender ingen kære;
alt det, som *mit* er, det skal Deres være;
De blir som søn for mig, og hun min datter.
De véd, ved grændsen ejer jeg et brug;
did flytter jeg, De sætter disk og dug,
og er så året omme, ses vi atter. –
Nu kender De mig, Falk; gransk nu Dem selv,
glem ej, at farten nedad livets elv
er ingen leg, er ej at nyde, svælge; –
og så, i Herrens navn, – så får I vælge!
(går ind i huset. Ophold. Falk og Svanhild ser sky mod hinanden.)

FALK. Du er så bleg.
SVANHILD. Og du så stille.
FALK. Ja.
SVANHILD. *Han* var os værst.
FALK *(hen for sig).* Han stjal mig styrken fra.
SVANHILD. Hvor hårdt han slog.
FALK. Han vidste godt at ramme.
SVANHILD. Det var, som alt gik under i det samme.
(nærmere ved ham.)
Hvor vi var rige, rige i hinanden,
da hele verden havde os forladt,
da vore tanker steg, som slag mod stranden
af bølgebrydning i den stille nat.
Da var der sejersmod i vore sjæle,
og lid på evig elskov mellem to; –
han kom med verdens gaver, tog vor tro,
og planted tvivl, – og så forgik det hele!
FALK *(med vild heftighed).* Riv det af mindet ud! Alt, hvad han sagde,
var sandt for andre, men en løgn for os!
SVANHILD *(ryster stille på hovedet).* Det kornaks, som et tvivlens haglslag lagde,
kan aldrig svaje mer i livsenstrods.
FALK *(med udbrydende angst).* Jo, vi to, Svanhild –!
SVANHILD. Slip et håb, som dårer;
Ifald du løgnen såer, du høster tårer.
De andre, siger du? Og tror du ej,
at hver og en har tænkt, som du og jeg,
at *han* var den, som turde trodse lynet, –
hvem ingen storm til jorden kunde slå,
hvem tågebanken fjernt i himmelsynet
på uvejrsvinger aldrig kunde nå?
FALK. De andre delte sig mod spredte mål;
jeg vil din elskov kun, og den alene.
Se, *de* forskriger sig i livets skrål,

jeg stilt skal støtte dig med stærke grene.
SVANHILD. Men dersom den alligevel gik under,
den kærlighed, som skulde bære alt, –
har du da *det*, som endda lykken grunder?
FALK. Nej, med min kærlighed det hele faldt.
SVANHILD. Og tør du helligt love mig for Gud,
at aldrig den, lig visnet blomst, skal hænge,
men dufte, som idag, og holde ud
for *hele livet*?
FALK *(efter et kort ophold)*. Den vil holde *længe*.
SVANHILD *(smerteligt)*. O, «længe», «længe»; – usle armodsord!
Hvad gælder «længe» vel for kærligheden?
Det er dens dødsdom, meldugg over sæden.
«På evigt liv for kærlighed jeg tror» –
den sang skal altså tie, og isteden
det lyde skal: Jeg elsked dig ifjor!
(som løftet af en stærk indskydelse.)
Nej; *så* skal ej vor lykkes dag gå under,
ej dø med solgråd bag en sky i vest; –
vor sol skal slukkes, lig et luftvidunder,
i middagsstunden, der den glittrer bedst!
FALK *(forfærdet)*. Hvad vil du, Svanhild?
SVANHILD. Vi er børn af våren;
bag *den* skal ikke komme nogen høst,
da sangerfuglen tier i dit bryst
og aldrig længes did, hvor den er båren.
Bag *den* skal aldrig noget vinterdække
slå linet over alle drømmes lig; –
vor kærlighed, den glade, sejerskække,
skal sot ej tære på, ej ælde svække, –
dø skal den, som den leved, ung og rig!
FALK *(i dyb smerte)*. Og langt fra dig, – hvad blev mig *der* vel livet!
SVANHILD. Hvad blev det *nær* mig – uden kærlighed?
FALK. Et hjem!
SVANHILD. Hvor lykkens alf med døden stred.

(med styrke.)
Til viv for dig blev evnen ej mig givet,
det ser jeg nu, det føler jeg og véd!
Jeg kunde elskovs glade leg dig lære,
men tør din sjæl ej gennem alvor bære.
(nærmere og med stigende ild.)
Nu har vi jublet i en vårdags rus;
nu ingen søvnig døs på slapheds puder!
Giv alfen vinger, lad for sangens sus
ham gå på flugt i flok med unge guder!
Og er den kantret end, vor fremtids båd, –
et brett er oven vande, – *jeg* véd råd;
den kække svømmer rækker paradiset!
Lad lykken synke, gå i graven våd;
vor *kærlighed* skal dog, Gud være priset,
nå sejersfrelst iland ifra forliset!
FALK. O, jeg forstår dig! Men at skilles *så!*
Just nu, den fagre verden står os åben, –
her, midt i våren, under himlen blå,
den samme dag vor unge pagt fik dåben!
SVANHILD. Just derfor må vi. Efter denne stund
vort jubeltog går ned ad bakke kun!
Og ve, når engang regnskabsdagen kommer,
og når vi stædes for den store dommer,
og når han kræver, som retfærdig Gud,
den skat han lånte os i livsenshaven –
da, Falk, et svar, som sletted nåden ud:
«Den har vi mistet undervejs til graven!»
FALK *(i stærk beslutning)*. Kast ringen!
SVANHILD *(ildfuldt)*. Vil du!
FALK. Kast den! Jeg forstår dig!
Ja, det er kun på denne vej, jeg når dig!
Som grav er vej til livets morgenskær,
så er og elskov først til livet viet,
når løst fra længsler og fra vild begær

den flyer til mindets åndehjem befriet!
Kast ringen, Svanhild!
SVANHILD *(jublende).* Jeg har løst min pligt!
Nu har jeg fyldt din sjæl med lys og digt!
Flyv frit! Nu har du dig til sejer svunget, –
nu har din Svanhild svanesangen sunget!
(tar ringen af og trykker et kys på den.)
Til verdens fald imellem havets siv
duk ned, min drøm, – dig offrer jeg isteden!
*(går et par skridt opover, kaster ringen ud i fjorden og nærmer
sig Falk med et forklaret udtryk.)*
Nu har jeg mistet dig for dette liv, –
men jeg har vundet dig for evigheden!
FALK *(stærkt).* Og nu til dagens gerning hver for sig!
På jorden krydses aldrig mer vor vej.
Hver går til sit, hver strider uden klage.
Vi smittet var af tidens feberdamp;
vi vilde sejrens løn foruden kamp,
sabbatens fred foruden virkedage,
skønt kravet er at *kæmpe* og *forsage.*
SVANHILD. Men ikke sygt.
FALK. Nej, nej, – med sandheds mod.
Os truer ingen flom af straffens flod;
det minde, vi to har for livet arvet,
skal stråle smukt fra mørke skyer ud,
og stå som fagrest regnbue, syvfold farvet, –
som pagtens tegn imellem os og Gud.
I skær af *det* du går til stille pligter –
SVANHILD. Og du går opad mod dit mål som digter!
FALK. Som digter; ja, thi det er hver den mand,
i skolestue, thingsal eller kirke,
hver den, i højheds som i ringheds stand,
der øjner idealet bag sit virke.
Ja, *opad* går jeg; flugtens hest er sadlet;
jeg véd, min gerning er for livet adlet!

Og nu, farvel!
SVANHILD. Farvel!
FALK *(favner hende).* Et kys!
SVANHILD. Det sidste!
(river sig løs.)
Nu kan jeg glad for dette liv dig miste!
FALK. Om alle lys i verden slukkes ud, –
lystanken lever dog; thi den er Gud.
SVANHILD *(fjerner sig mod baggrunden).* Farvel!
(går videre.)
FALK. Farvel! – Jeg råber glad endda –
(svinger hatten.)
Guds fagre kærlighed på jord, hurra!
(Døren åbnes. Falk går over mod højre; de unge blandt gæsterne kommer ud under latter og glæde.)
DE UNGE PIGER. Til dans i haven!
EN ENKELT. Livet er at danse!
EN ANDEN. En vårdags blomsterdans med friske kranse!
NOGLE. Ja, danse, danse!
ALLE. Ja, og aldrig standse!
(Styver kommer med Stråmand under armen. Fru Stråmand og børnene følger efter.)
STYVER. Ja, du og jeg er venner fra idag.
STRÅMAND. Og jeg og du vil slå for fælles sag.
STYVER. Når begge statens magter slår sig sammen –
STRÅMAND. Blir resultatet alles –
STYVER *(hurtigt).* Tarv!
STRÅMAND. Og gammen.
(Fru Halm, Lind, Anna, Guldstad og frøken Skære, samt resten af gæsterne kommer ud. Hele familjens øjne søger Falk og Svanhild. Almindelig studsen, da man ser dem hver for sig.)
FRØKEN SKÆRE *(mellem tanterne, slår hænderne sammen).* Hvad?
Sig mig, om jeg drømmer eller våger!
LIND *(som intet har mærket).* Jeg får vel hilse på min nye svoger.
(han, tilligemed flere af gæsterne, nærmer sig Falk, men farer

uvilkårligt et skridt tilbage ved at se på ham og udbryder):
Hvad er der hændt med *dig*? Du har, som Janus,
to ansigter!
FALK *(med et smil).* Jeg råber, som Montanus:
Jorden er flak, Messieurs; – mig skuffed øjet;
flak, som et fladbrød; – er I nu fornøjet!
(går raskt ud til højre.)
FRØKEN SKÆRE. En kurv!
TANTERNE. En kurv?
FRU HALM. Hys, lad det bli fortiet!
(går opover til Svanhild.)
FRU STRÅMAND *(til presten).* Tænk dig, en kurv!
STRÅMAND. Men er det muligt?
FRØKEN SKÆRE. Ja!
DAMERNE *(fra mund til mund).* En kurv! En kurv! En kurv!
(de samler sig i klynge længere inde i haven.)
STYVER *(som forstenet).* Hvad? Har han friet?
STRÅMAND. Ja, tænk dig, du! Han lo af os, ha, ha, –
(de ser målløse på hinanden.)
ANNA *(til Lind).* Nå, det var rigtig godt. Uf, han var fæl!
LIND *(omfavner og kysser hende).* Hurra, nu er du min i alle dele!
(de går opover i haven.)
GULDSTAD *(ser tilbage mod Svanhild).* Her er nok noget brustet i en
sjæl;
men det, som endnu lever, vil jeg hele.
STRÅMAND *(får mælet igen og omfavner Styver).* Nu kan du trøstig
blive ved at være
forlovet med din elskte frøken Skære!
STYVER. Og du kan skue gladelig din slægt
forøget årligårs med unge Stråmænd!
STRÅMAND *(gnider sig fornøjet i hænderne og ser ud efter Falk).* Det
var tilpas for ham, den frække knægt; –
så skal de ha'e det, disse kloge spåmænd!
*(de går opover i samtale, idet fru Halm nærmer sig med
Svanhild.)*

FRU HALM *(dæmpet og ivrig).* Og intet binder dig?
SVANHILD. Nej, intet binder.
FRU HALM. Nu godt; så kender du en datters pligt –
SVANHILD. Råd over mig.
FRU HALM. Tak, barn.
(med et tegn mod Guldstad.)
Han er et rigt
parti, og når der intet er til hinder –
SVANHILD. Jo, ét forlanger jeg ved denne pagt:
at flytte bort –
FRU HALM. Det er jo just hans agt.
SVANHILD. Og frist –
FRU HALM. Hvorlænge da? Husk, lykken kalder.
SVANHILD *(smiler stille).* Å, ikke længe; blot til løvet falder.
(hun går hen imod altanen; fru Halm opsøger Guldstad.)
STRÅMAND *(mellem gæsterne).* Et, kære venner, har vi lært idag:
om tvivlsmål tidt os hårdelig belejrer,
så vinder over slangen sandheds sag,
og kærligheden sejrer.
GÆSTERNE. Ja, den sejrer!
(de omfavnes og kysses parvis. Udenfor til venstre høres latter og sang.)
FRØKEN SKÆRE. Hvad er nu det?
ANNA. Studenterne!
LIND. Kvartetten,
som går tilfjelds; – og jeg, som rent har glemt
at sende afbud –
(Studenterne kommer ind til venstre og blir stående ved indgangen.)
EN STUDENT *(til Lind).* Her er vi på pletten!
FRU HALM. Så det er Lind, De søger?
FRØKEN SKÆRE. Det er slemt;
han er forlovet nu –
EN TANTE. Så De kan skønne,
han intet har at gøre i det grønne.

STUDENTEN. Forlovet!
ALLE STUDENTERNE. Gratulerer!
LIND. Mange tak.
STUDENTEN *(til kammeraterne)*. Der ligger altså sangerskuden bak.
Hvad gør vi nu? Vi mangler vor tenor.
FALK *(der kommer fra højre, sommerklædt, med studenterhue, skræppe og stav)*. Den synger jeg i Norges ungdoms kor!
STUDENTERNE. Du, Falk! Hurra!
FALK. Tilfjelds i Guds natur,
som bien jager fra sit vinterbur!
Jeg har en dobbelt sangbund i mit bryst,
en langelek med underspundne strenge,
med tvefold klang, en *høj* for livets lyst,
og en, som dirrer *under*, dybt og længe.
(til enkelte mellem studenterne.)
Du har paletten? – Du papir til noder?
Godt; sværm da, biflok, i det grønne løv,
hjem bær vi engang hjemmets blomsterstøv
til kubens dronning, til vor store moder!
(henvendt til selskabet, idet studenterne går og koret fra første akt istemmes dæmpet udenfor.)
Tilgiv mig alt, det større, som det mindre,
jeg intet huske vil;
(sagte.)
men alt erindre.
STRÅMAND *(i overstadig glæde)*. Pyt, nu er lykkepotten atter hel!
Min kone har et håb, et sødt, forjættende –
(trækker ham hviskende tilside.)
Nyss hun betroede mig, den kære sjæl –
(uhørligt imellem.)
Hvis alt går godt ... til mikkelsdag ... det trettende!
STYVER *(med frøken Skære under armen, vender sig til Falk, smiler hoverende, og siger, idet han tyder mod presten)*:
Jeg får de hundred daler, sætter bo –
FRØKEN SKÆRE *(nejer ironisk)*. Ved juletider kaster jeg min

pigekjole.
ANNA *(ligeså, idet hun tar kærestens arm).* Min Lind blir her, lad troen være tro –
LIND *(dølger sin forlegenhed).* og søger plads som lærer på en pigeskole.
FRU HALM. Jeg øver Anna op i alskens dueligheder –
GULDSTAD *(alvorlig).* Jeg går til arbejds med et bramfrit digt – om en, som lever for en hellig pligt.
FALK *(med et smil udover mængden).* Og jeg går opad – til en fremtids muligheder! Farvel!
(dæmpet til Svanhild.)
Gud signe dig, min livsvårs viv; –
hvor langt jeg går, skal dog min gerning nå dig!
(svinger huen og følger studenterne.)
SVANHILD *(ser en kort stund efter ham og siger stille men stærk).* Nu er jeg færdig med mit friluftsliv;
nu falder løvet; – lad nu verden få mig.
(I dette øjeblik spilles op til dans ved pianoet, og champagnen knalder i baggrunden. Herrerne flyver om mellem hverandre med sine damer under armen; Guldstad nærmer sig Svanhild og bukker for hende; hun farer et øjeblik sammen, men fatter sig og rækker ham hånden. Fru Halm og den nærmeste familje, som spændt har iagttaget scenen, iler til og omringer dem under høj glæde, der overdøves af musiken og munterheden blandt de dansende længere inde i haven.) (Men langt oppe fra landet, og klingende igennem dansemusiken, lyder kraftigt og kækt):
KOR AF FALK OG STUDENTERNE. Og har jeg end sejlet min skude på grund,
o, så var det dog dejligt at fare!
DE FLESTE PÅ SCENEN. Hurra!
(dans og jubel; teppet falder.)

Also available from JiaHu Books:

Brand - Henrik Ibsen
Et Dukkhjem – Henrik Ibsen
(Norwegian/English Bilingual text also available)
Peer Gynt – Henrik Ibsen
Hærmændene på Helgeland – Henrik Ibsen
Fru Inger til Østråt - Henrik Ibsen
Gengangere – Henrik Ibsen
Catilina – Henrik Ibsen
De unges Forbund – Henrik Ibsen
Gildet på Solhaug - Henrik Ibsen
Synnøve Solbakken - Bjørnstjerne Bjørnson
Det går an by Carl Jonas Love Almqvist
Drottningens Juvelsmycke by Carl Jonas Love Almqvist
Röda rummet – August Strindberg
Fröken Julie/Fadren/Ett dromspel by August Strindberg
Nils Holgerssons underbara resa genom Sverige - Selma Lagerlöf
The Little Mermaid and Other Stories (Danish/English Texts) - Hans-Christian Andersen
Egils Saga (Old Norse and Icelandic)
Brennu-Njáls saga (Icelandic)
Laxdæla Saga (Icelandic)
Die vlakte en andere gedigte (Afrikaans) - Jan F.E. Celliers

www.ingramcontent.com/pod-product-compliance
Lightning Source LLC
Chambersburg PA
CBHW031409040426
42444CB00005B/483